異端のすすめ

強みを武器にする生き方

橋下 徹

SB新書
501

はじめに

僕は、常にチャレンジすることで「限界を突破する生き方」を選んできました。時には周囲と激しく衝突し、「異端視」されることもありました。それでも、いつも自分らしさを貫き続けてきた。迷ったら、選択肢の中で一番大胆な道を選ぶ。そうして得られたことは、本当にたくさんありました。

このように50年間生きてきて何となくわかってきた、その他大勢から抜け出し、圧倒的な結果を出すために必要なことを、これからの日本社会を担う人たちに伝えたいという思いで、筆を執りました。

25歳で司法試験に受かった僕は、一人前になるためにとにかくがむしゃらにがんばりました。その努力が実って1年ほどで独立し、自分の法律事務所を開きました。

皆さんは僕の名前を聞くと、元大阪府知事・元大阪市長として政治の世界で仕事をしてきた人間、という印象が強いかもしれませんが、**駆け出しの弁護士から巨大な役所組織を率いるリーダーになった僕には、まず、民間の世界で身につけてきた仕事の基本が土台にあります。**

その後、政治家として公的な立場となり、行政改革を引っ張ってきました。行政改革とは、言い換えれば組織改革です。大阪府庁、大阪市庁という組織を変革し、それまで停滞の一途をたどっていた大阪を、１００％完璧とはいえないかもしれませんが僕なりに精一杯、立て直してきたという自負があります。

「適正な組織づくり」という点においては、公的組織と民間組織の間で大きな違いはありません。どちらも、組織の意欲や機能性を高め、その組織の使命を実行し、世の中の役に立てていく。つまり、**「定めた目標・戦略を実行するために適正な組織をつくる」という点では同じです。**

となれば、弁護士としての民間の経験と知事・市長という公的な組織の首長の経験のある僕から、民間でがんばっている皆さんに対して、個人としての生き方だけでなく、どうあれば成功できるのかということについても、少しは伝えられることがあるのではないか。

今、若い人たちの就労環境には厳しい面もあるといわざるをえません。

未来の日本の担い手である皆さんは、より多くのチャンスを手にしてしかるべきです。それには解雇規制を緩和し、雇用の流動化を促すとともに、高齢者には第一線を退いてもらう、といった施策も必要でしょう。ところが、政府は「首切り政策！」と激しく批判されるこのような政策には及び腰で、結局は若い人のチャンスがなかなか広がらない。こうした社会情勢の中で、**組織の構成員としての生き方よりも、ますます個人としての生き方が問われるようになっています。**

新卒から定年まで勤め上げるという働き方がすでに一般的ではなくなっており、キャリアアップのために転職する人も、組織に属さずフリーランスで仕事を受けている人もたくさんいます。

どのような働き方、生き方をするのが正しいということではありません。

他人に振り回されることなく、自分自身が「どうありたいか」「どうしたいか」という意志を持って、選択すること。そして**挑戦を続け、自分自身が燃焼し尽くした感を持てるような納得できる人生を作り上げることが重要だと僕は思います。**

僕自身、これまでの人生を振り返って、強く印象に残っている瞬間というのはすべて、「最大限の熱量を持って、行動したとき」です。

いつか皆さんが死ぬとき、「自分の人生、本当によかった」と思えるか。これが人生のすべてだと僕は思います。**これに尽きます。「今、死んだとしても後悔はない」と言い切れるくらいに、熱を発しながら進んでいくこと。**

僕の場合は、2015年の5月17日に、自分のエネルギーをすべて注ぎ込んだチャレンジである大阪都構想の住民投票に敗れ、今は熱を発し切って燃え尽きちゃった感がある。でも人生はこの燃え尽きちゃった感が重要で、この感覚に達すれば、いつ死んでも人生納得となることもわかりました。

変化の激しい世の中、これから具体的にどのようなことが求められるのかは、誰にも正確にはわかりません。

僕も気がつけば50歳になりました。駆け出しの弁護士として社会人になってから今に至るまで、振り返ればあっという間です。ありがたいことに色々な経験をさせてもらいました。だからこそわかったことが山ほどあります。**若いときには経験がないからそのことがわからない。もし、あのときにわかっていたらもっとうまくできたのではない**

か。**そう思えることも多々あります。**

そこで本書では、少し先輩面して、僕の経験を基に皆さんにアドバイスをします。働き方や生き方、総じていえば「納得できる人生」を生きるという点において、腑に落ちるところ、背中を押されるところがあれば、著者としてこれほどうれしいことはありません。

2020年1月吉日

橋下 徹

異端のすすめ　強みを武器にする生き方　目次

第2章 自分の商品価値を高めよ
——これからの時代に求められる異端力

第3章 物怖じすればチャンスは終わる
——最速で成長する力

第4章 「情報マニア」になってはいけない
――その他大勢から抜け出す思考力

第7章 心から納得できる人生を生きる
――一切後悔しない行動力

第1章

突き抜けるには、リスクを取れ

——限界を突破する力

すべての仕事は「表裏一体性」で考える

僕は25歳で司法試験に受かって2年間の司法修習を受けた後、大阪のとある法律事務所に就職し、それから約1年で独立して自分の事務所を立ち上げました。その頃の弁護士は、独立まで10年~15年というのが一般的だったので、当時としてはかなり早いほうだったと思います。

独立するまでは事務所に居候する弁護士、通称「イソ弁」として経験を積んでいきました。

当時のイソ弁は、事務所に属していても、いわば個人事業主が事務所に間借りをしているようなもので、芸能の世界とは違って、事務所を通さず個人で仕事を引き受けても問題はありません。

つまり、事務所から給料をもらって事務所の仕事をすると同時に、独立するまでの間、資料のファイリングなどのお手伝いをしてくれる事務所職員をはじめ、コピーやファックス、会議室といった設備、事務用品、光熱費に至るまで、事務所のリソースを使わせてもらいながら、自分が取ってきた仕事をすることができたのです。

イソ弁にとって、事務所の仕事以外の個人の仕事を受けることには主に二つ、大きな意味がありました。

一つは、個人の仕事を受ければ受けるほど自分自身の顧客が増えることになるため、独立の足がかりになること。

もう一つは、所属する事務所の固定給とは別に弁護士報酬を受け取れることです。事務所の固定給は金額が決まっていますから、独立資金を作るという点でも個人の仕事を受けることは重要でした。

だからイソ弁のみんなは懸命に自分の仕事を取ってきて、それをこなします。

でも僕には、一つだけみんなと違った点がありました。

当時は、イソ弁が個人で受けた仕事の報酬はすべてイソ弁自身の懐に入れることが一般的だった中で、僕は、報酬の30％を事務所に入れるという契約を事務所と自主的に結んだのです。

同期のイソ弁たちからは「事務所から、30%を入れろと強制されたわけでもないのに、なんでそんな契約にしたんだ」「30%も入れるなんて、多すぎちゃうか」などと言われましたが、僕は、そうは考えませんでした。

前述したように、イソ弁は事務所の「居候」です。

事務所のリソースを使わせてもらっている立場としては、どうしても、個人の仕事より事務所の仕事のほうが優先になります。「自分の仕事がありますので、事務所の仕事はできません」と断ることはできません。

僕は、そんな状況になるのが嫌でした。所属する事務所に対して引け目を感じることなく、どんどん個人の仕事を引き受けて、1日も早く独立の足がかりを作りたかった。だから、個人の仕事で得た報酬の30%を入れようと思いました。

つまり、**事務所のリソースの「使用料」を払う代わりに、僕は個人として自由に仕事をさせてもらえる「環境」を整えることにしたのです。**一般的に、弁護士事務所の経費率は約55%とされているため、報酬の30%というのは、むしろ安いくらいだと考えていました。

こうして、事務所に気兼ねすることなく自分の仕事を受けられる環境を整えた僕は、異業種交流会など、人が集まる場所に手あたり次第に出かけては、自分を売り込みました。

といっても20代の若造ですから、名刺交換を1回した程度では、顔も名前も覚えてもらえません。マメに会合に顔を出し、何度も何度も名刺交換を繰り返す中でやっと一つ、事件の依頼や顧問契約が取れればいいくらいです。

だから、それこそ「数打ちゃ当たる」の精神で、数え切れないぐらいの人に数え切れないくらいの名刺を渡し、自作したパンフレットも配りました。

当時、弁護士の世界には「広告宣伝をしてはいけない」というルールがありました。しかし僕は「そんなの、ただ競争を避けたいだけだろ。既存の弁護士が、新規参入の弁護士を排除して殿様商売をしたいだけだ」と思い、そのルールを突破することに挑戦しました。その後時代の流れには抗《あらが》えず、弁護士の広告宣伝も解禁となりました。

こうして毎日、汗をかいて営業活動をしているうちに、少しずつ自分の仕事が入り始め、事務所に入れる額も増えていき、半年経つ頃には、事務所に入れる額が事務所からもらう給料より多くなり始め、1年後には事務所に入れる額のほうが圧倒的に多くなったので、そこで独立を決めました。

所属先の事務所も、僕から取る金額に上限を設けたり、事務所の仕事の給料についても歩合制を導入したりすれば僕は事務所に残っていたのに、そこまでの経営センスはなく、あくまでも僕から入れる30%の割合と月額固定給にこだわったので、僕は独立しました。

僕の持論として、**すべての仕事は「表裏の一体性」で考えなくてはいけません。**

たとえば「自由」と「責任」。「権利」と「義務」。いずれも表裏一体のものです。自由だから何をやっても許されるということでは、ただの無秩序です。

そういう「無制限の自由」を賛美する自称リベラリスト（自由主義者）も存在しますが、自由には責任が、権利には義務が伴うというのは当たり前の話です。

僕が約1年というスピードで独立することができたのは、個人の仕事で得た報酬の

30％を事務所に入れるという「責任」と「義務」を果たしたことで、他のイソ弁より「自由」に営業活動を展開し、個人の仕事を数多く受ける「権利」を得ることができたからでしょう。

つまり、「自由」に営業活動できる「権利」を勝ち取るために、相応の「責任」と「義務」を背負ったから、同期よりも早く、個人事務所を開くことができ、その結果自分のやりたい仕事をやりたいようにできるという大きな自由を得ることができたのです。もちろん、仕事も給料も何も保障されず、すべて自分の責任であるという大きな責任も負うことになりましたが。

これは、僕のような士業に限った話ではありません。

誰だって「自由」「権利」はほしいでしょう。でも、その裏には必ず背負うべき「責任」「義務」がある。すべての仕事は、こうした「表裏」の一体性だと考えてください。

たとえばスキルを広げたいなら努力すること。業績を伸ばしたいのなら汗をかくこと。チャンスに恵まれたいのなら、まず自分が行動して種を蒔いておくこと。

一事が万事で、ある領域を広げたり伸ばしたりしたいと思ったら、その裏側にある領域も同時に広げたり伸ばしたりしなくてはいけない。**その裏側にある領域とは、責任や義務や努力です。それらを背負うことなくして、自由や権利やチャンス・利益を得ることなどできないのです。**

何かを得るために、その裏側にあるものをいかに背負うか。それとも何も背負わず、現状維持で行くか。どちらを選ぶかは、もちろん個々人の選択次第です。ただ、これから自分の可能性を押し広げていきたいなら、まず姿勢を正し、「ほしいものを得るために、自分は今、何を背負うべきなのか」と、真摯《しんし》に考えることが出発点です。

強みの掛け算で「自分にしかない価値」を手にする

現代は、組織に属していても「個人の価値」が問われる時代です。

こういうと、個人の価値は仕事の大きさによって決まると思う人が多いかもしれませんが、僕の人生経験からすると、**仕事の大きさなんていうものはたいしたことじゃない。それよりもはるかに重要なのは、「自分にしかない価値」を持つことです。**

つまり「自分にしかできないこと」なのか、「誰にでもできること」なのか。たとえ大きな仕事をしていても、誰にでもできることだったら、それは自分の価値が上がることではないということです。組織に属していてもいなくても、個人の価値はシビアに評価されると心得てください。

画一的な横並びがよしとされるのではなく、個々人の持ち味、強みがその人の価値として重視されるという意味では、今はいい時代になったといえるでしょう。

その反面、自分の価値を高めることができなければ、あっという間に淘汰《とうた》されかねないという、恐ろしい時代でもあります。

一番たしかな個人の価値とは、他人よりも突き抜けているということ。何か特定の分野においてズバ抜けた才能があれば、話は早い。でも、悲しいかな誰もがそういう才能を持つことができるわけではありません。

野球を志す人が、すべてイチロー選手のようになれるわけではないし、研究に従事する人がすべて、ノーベル賞を受賞した京都大学の山中伸弥さんのようになれるわけではない。フィギュアスケートを死ぬほど練習しても、羽生結弦選手のようなスターは何十年に一度しか生まれないし、お笑いのセンスがあっても、あの島田紳助さんを唸らせたダウンタウンさんのようにはなれません。

残酷な事実ですが、努力ではどうにもならない場合も多いのです。

ではどうするか。

僕から一つアドバイスできるのは、それは**「複数の強み」を「掛け算」すること。自分が持つカードを増やすということです。**

ひとつひとつは、そこまで突き抜けていなくてもかまいません。「何も努力していない人よりは格段に抜けているけど、誰も到達していないレベルというわけではなく、同じくらい突き抜けている人は結構いる」くらいの強みを「複数」持てばいいのです。

それでは単なる「器用貧乏」で、個人の価値にはならないんじゃないかと思われそうですが、「数」の力は侮れません。ひとつひとつの強みは、他にも同じくらいのものを持っている人が結構いたとしても、複数の強みを掛け合わせることで「自分にしかない突き抜けた価値」になるのです。

僕は弁護士ですが、弁護士として自分が突き抜けているとは思っていません。もしテレビに出る機会に恵まれず、現在の「橋下綜合法律事務所」の経営だけを続けていたら、どこにでもいる一弁護士として、今まで生きてきたでしょう。

もし、今の僕に他の弁護士とは異なる突き抜けた価値があるとすれば、それは掛け合わせによる価値です。弁護士であることに加えて、タレントとしてテレビの仕事をし、政界に入って大阪府知事と大阪市長、そして国政政党の代表を歴任した、などの複数の強みが掛け合わされて、今の僕の価値を作っているのです。

普通の弁護士なら世の中に数多くいます。テレビタレントも数多くいます。政治家も結構な数が存在する。しかし、弁護士であり、テレビ出演者であり、知事、市長、国政政党代表経験者となると一気に数は絞られます。この五つのカードを持っているのは、この日本国内では僕くらいではないでしょうか。

だから僕は現在、講演会や番組に呼んでもらったり、こうして本を書かせてもらったりしているのです。

こう聞いて、皆さんはちょっと怯《ひる》んだかもしれません。弁護士というだけでもそれなりのアドバンテージがあるのに、タレント、大阪府知事、大阪市長、国政政党代表というものを掛け算したら、それは強み中の強みじゃないか。自分は同じようにはなれない、と。

しかし僕は、自分が特別だとは考えていないし、皆さんに、そう考えてほしくもありません。僕もいくら努力しようとも天才弁護士には敵《かな》わないし、一流タレントになれるわけでもない。政治家として、巨大な与党自民党の中で権力闘争に勝ち抜き、大臣や総理大臣になれるような能力もありません。ただ、五つの強みを掛け合わせることで、そこそこ突き抜けることはできました。

たしかに弁護士、タレント、知事、市長、国政政党代表というのはそれなりの強みです。だから五つでよかったといってもいいかもしれない。しかし、**ひとつひとつがそれほど強くないのだったら、あとは数で掛け算をすればいいのです。**五つではなく、十、二十の強みの掛け算を。

強みは「足し算」ではなく「掛け算」で考えるべきです。自分の価値が積み木のように積み重ねられるというよりは、まるで細胞分裂のように、倍々で増えていくイメージです。

では、どうやって強みを増やし、掛け算をしていったらいいのかというと、答えは意外にもシンプルです。

人の能力はさまざまであり、自分の得意分野が何なのかを自覚していないことも多い。「自分はこれしかできない」と思っていたところに、思いもよらぬ別の得意分野・強みが見つかることもあるでしょう。

ですから、**バリエーション豊かに色々とやってみること、挑戦してみること、とにか**

く行動をすることの中で、自《おの》ずと強みが見つかってくるというのが僕の答えです。

やっと「手に職」といえるものを身につけたとしても、そこからさらに強みを増やしていかなくてはいけない。今はそういう時代です。すでに何か一つの強みを得たとしても、それだけをやり続けていれば一生安泰という時代ではなくなったのですから、連鎖的に強みを増やしていく必要があります。

いろんな人と接する、いろんな本を読む、いろんなことを考えてみる、いろんなことを体験する。すでに「自分はこれで勝負する」と思うものがあっても、そこから派生させて別のことにも挑戦してみる。

突き抜けた存在になるのは決して簡単ではありませんが、こうして頭と心と身体に汗をかいているうちに、遅かれ早かれ「複数の強み」が見つかっていくはずです。

その強みを掛け算した総体が、自分という人間の商品価値になるのです。

今は何が強みになるかわからない時代です。SNSにYouTubeにブログにと、個人の価値を売り出すツールが数多くあるので、何かに突き抜けさえすれば、どんなことでも世間に売り出すことのできる強みになりえます。

実は僕自身は、こういった新しいツールにまではなかなか手を広げられずにいるので、弁護士、タレント、知事、市長、国政政党代表経験という強み以外のものを発信しきれていません。でも、たとえば興味のある歴史とか、大好きなバイクや車、酒などの分野で、もし世間から求められることがあるならば、それらも自分の強みとして掛け算できるかなと思っています。

自分軸にこだわるな

強みを増やす、カードを増やすというと、「まず自分の軸を定めることが大事だ」などという声が聞こえてきそうですが、僕は、そうである必要はないと考えています。

その発想だと、ともすれば自分に限界を設けたり、特定分野だけにこだわりすぎて視野が狭くなったりと、巡ってくるチャンスをかえって狭めてしまいかねないからです。

一つの強みだけをひたすら追求する時代は、もう終わったといっていいでしょう。この流れは、今後さらに加速していくはずです。

だとしたら、いっそ節操がないというくらい、いろんなことに触れて、チャレンジしてみたほうがいいのです。

実際、いろんなことに触れてチャレンジしてみた結果、「これが自分の軸だ」と思っていたこと以外が自分の強みになっていくことがあるし、むしろそのほうが多い。少なくとも僕は、自分の人生経験からそう感じています。僕自身、「自分は弁護士だ」と考えてきましたが、今では弁護士としての仕事以上にコメンテーター、講演会の講師、政策・改革アドバイザーの仕事に強みを持つようになりました。

もし僕が、「自分は弁護士だ」という点に固執していたら、今のような仕事の広がりはなかったと思います。あくまでも弁護士という立場から話したり書いたりすることにこだわってしまえば、そこから広がらないし、いろんな仕事を引き受けたために弁護士の仕事のウェイトが低くなる、などということは避けようとしていたでしょう。

色々な強みを持ったら、その中で主従を決める必要はありません。

複数ある自分の強みのうち、どれかを選択するのは自分ではありません。それは仕事の依頼主だったり、お客さんだったり、相手が選択するものです。

ある場面でAという強みを求められたかと思えば、別の場面ではBという強みを求められる。これが、強みを複数持つということです。巡ってきたチャンスをつかみ、**仕事の依頼主やお客さんによって異なる要望に最大限応えようと思えば、自分の強みやカードに主従を設けることは百害あって一利なしです。**

特に20代や30代のうちは、やってみて自分に合わないなと思ったり、何か違うなと思ったりしたら、それは切ればいい。いくらでも方向転換すればいいのです。自分の軸をどうするか、自分の強みのうち、どれが主でどれが従かなんて考えず、その場の環境において、興味を持ったこと、チャンスを得たことは、迷わず果敢にチャレンジすればいい。「とりあえずやってみるか」というくらいの気軽さ、フットワークの軽さが大切です。

頭の中であーでもない、こーでもないと考えるよりも「行動」です。頭の中で考えるだけではチャンスは永遠につかめません。チャンスをつかむには行動するしかなく、行動の数が多ければ多いほど、多くのチャンスに出くわす確率は高くなる、というわけです。

チャンスをつかめるかどうかは単なる確率の話であって、能力は二の次です。皆さんには、「自分には能力がない」とイジイジするのではなく、あらゆることにチャレンジすることによってチャンスをつかむ確率を上げてほしいですね。

達成の「その先」を具体的にイメージせよ

どれほど意志が強くモチベーションが高い人であっても、**一切歩みをゆるめることなく目標達成まで突っ走ることはできません。**

次項で詳しく述べますが、僕も司法試験の勉強中、よくモチベーションダウンしました。勉強に疲れてくることもあるし、9年、15年と勉強し続けてやっと合格した人の体験談などを読むと、「合格するには、そこまでやらないとダメなのか……」「この試験は本当に合格できるのだろうか」とネガティブになることもありました。

皆さんの中にも、資格試験合格に向けて勉強している人がいるでしょう。資格試験に限らず、目標達成に向けて行動し続けるために、いかにモチベーションを保つかを大きな課題と感じている人は多いと思います。

僕は、そこに奇策はなく、正攻法で行くしかないと思っています。

まず、自分は何のためにその資格を取ろうとしているのか、あるいはなぜ、その目標を定めたのか、という**「そもそもの理由」に立ち返る。そして、目標達成の暁には何をするのかを、できる限り具体的にイメージするのです。**

人間には「理由」に大きく突き動かされるという性質があります。目標を定めた時点では「〜のため」「〜したいから」という理由があったはずなのです。

ところが、達成までの道のりが長く、苦しいものになってくると、「もうやりたくない」「やる気が出ない」という感情のほうが強くなり、自身が当初考えていたはずのその理由を、つい忘れてしまいます。

感情は、よくも悪くも非常に強い力を持っています。ネガティブな感情によって行動力が制限されないようにするには、ポジティブな感情をより強く持つ必要があります。

それが先ほどいった「そもそもの理由」に立ち返り、目標を達成したらそれで何をするのかを具体的にイメージする、ということなのです。

僕自身を振り返ると、司法試験の受験勉強のときには、弁護士になってからどのようなことをやりたいのかを具体的に考えるようにしていました。大阪府知事選に挑んだときも、知事になってから何をやるのかを具体的にイメージしていました。特に、大阪都構想の実現を目標にし、大阪維新の会を結成してからの政治活動においては、バッシングの激しさも尋常ではありませんし、何よりも日々の仕事や政治活動に費やすエネルギーも半端なものじゃなく、心身の疲労はピークに達していました。全身に蕁麻疹《じんましん》が出て、シャツの上から掻《か》きむしり、シャツが血まみれになっていました。このようなときにこそ、ポジティブな感情が必要になります。それが、「なぜ大阪都構想なのか」、「大阪都構想を実現させて大阪をどうしたいのか」という具体的なイメージを持つことです。**しんどいときであればあるほど、そのイメージは具体的で強烈なものである必要があります。**

政界を志したのは、ひとえに衰退著しい大阪を立ち直らせたかったからです。そのために大阪都構想を掲げ、リニアモーターカーで東京と大阪を結び、カジノを誘致し東京に並ぶ大都市大阪をつくりたい……などと具体的で強いイメージを持っていました。大阪都構想は、府と市を統合して「都」とすることで、大阪全体の強力な司令塔を作り、大阪全体を発展させるビジョンを迅速に実行していくものです。

1943年には、東條英機内閣によって、東京府庁と東京市役所の二つの巨大な組織が「東京都庁」という一つの組織にまとめられました。

それと同様、双方大きな権力とお金を持つがゆえに、互いに譲らない大阪府庁と大阪市役所の二つの組織を大阪都庁にまとめます。と同時に、東京市役所が23の特別区役所に再編されたように、大阪市役所も四つの特別区役所に再編します。これが大阪都構想です。

大阪都庁は大阪全体の成長戦略や景気対策、雇用対策、災害対策、大規模開発、インフラ整備などを行い、特別区役所は教育、医療、福祉などの住民の日常生活に密着するサービスを提供する。

このように、自分が政治家になり、大阪都構想を実現することの理由や、実現した後のイメージを具体的に、そして強烈に思い描いていました。このようなポジティブ感情を強く強く持っていたからこそ、僕は、激しい選挙戦をがんばり抜くことができたし、政治家になった後に本当にさまざまな批判、ときには誹謗中傷《ひぼうちゅうしょう》を浴びせられながらも、8年間の公人としての活動と大阪都構想の住民投票に全精力を注いで走り抜くことができた。

なぜ、それを目指すことにしたのかという**「そもそもの理由」**と、**それを実現した暁**

には何をするのか、どうなっているのかという「具体的なイメージ」は、モチベーションを保ちながら走り続けるガソリンのようなものなのです。

「理由」と「イメージ」は、突き抜ける原動力

行動の原動力になる「理由」と「具体的イメージ」というポジティブ感情を持つことは、チームのメンバーを動かす推進力にもなります。

大阪都構想は、僕の政治家としての原動力のみならず、大阪維新の会のメンバーの原動力にもなっていました。

「今まで誰も手をつけてこられなかった府庁と市役所の統合を実現しよう」「これだけのことをやりきれば、歴史に名を残すことができる」という強いポジティブ感情が大阪維新の会の各メンバーにおいて共有されています。大阪維新の会の各メンバーが大阪都構想をなぜ実現しないといけないのかという「理由」とそれを実現したときに大阪がどうなっているのかという「具体的イメージ」をしっかりと認識しているのです。

僕は、２０１５年5月17日の大阪都構想の住民投票に敗れ政界を引退しましたが、そ

の後も、大阪維新の会のメンバーは大阪都構想の実現に向けて走り続けてくれています。その結果、大阪の大胆な改革は次々に実行され、大阪のさまざまな指標が上向きになり、大阪府庁と大阪市役所の統合への環境が熟してきています。

特に、2019年4月に行われた大阪府知事・大阪市長のダブル選挙と、府議会議員・市議会議員の統一地方選挙は、大阪維新の会にとって「非常に厳しい選挙」と言われていました。代表の松井一郎さんと幹部の吉村洋文さん、そして大阪維新の会に対して、自民党から共産党までの既存の政党と、大阪府内のあらゆる団体などがタッグを組み強固な包囲網を敷いてきた。選挙戦は、大阪維新の会を潰すという、ただ一つの目的のために、普段は対立している既存の勢力がすべて一致団結した状況になった。

特に、大阪市長に立候補していた維新の大将である松井さんを巡る大阪市内の攻防は熾烈を極めました。大阪市議会議員に立候補していた維新の新人議員は、次のように演説していました。

「大阪市長選では、どうか松井だけは当選させてください！」「松井が負けたら、大阪都構想が終わってしまうんです！」と。彼ら彼女らは、自分が当選するための演説や、自分の名前を連呼することなく、とにかく松井大将の当選を訴えます。自分の当選は二の次になっていました。

他方、敵方の議員候補たちは一様にして「自分が、自分が」という自分が当選することを至上目標とした演説です。まあ、そもそも選挙というものは、自分が当選するためのものなので、当然といえば当然ですが。

しかし、そんな候補者たちを見た有権者はどのように感じたでしょうか。心を強く動かされたのは維新の候補者たちの演説でしょう。維新のメンバーの魂が、松井大将の当選にある。選挙の結果は、皆さんがご存じの通り、松井、吉村、維新の圧勝でした。

維新のメンバーの熱い魂と行動力の源は「大阪都構想」を実現することの「理由」とそれを実現したときの具体的なイメージです。これらがいかに重要かおわかりいただけたと思います。

「やる気が出ない」というネガティブ感情のせいで、行動が止まってしまいそうなときには、「理由」と「具体的イメージ」によってポジティブ感情を湧き起こしてください。

チャンスよりも重要な「つかむ力」

今の自分の現状に不満を持ち、チャンスに恵まれていないと嘆く人も多いようです。たしかに北朝鮮や中国、東南アジア、中東、アフリカなどの非民主主義、新興国においてはチャンスが平等に転がっているとはいえないでしょう。その世界では、「権力」や「階級」によって、就ける仕事の種類から収入の多寡、社会的ポジションまで、すべてが決まってしまうという一面があります。

しかし成熟した民主国家の日本は違います。権力や階級の力が0とはいいませんが、それがすべてを決める国ではありません。チャンスは平等に転がっているようなものです。

ただしチャンスは目に見えません。**最も重要なのは、いくらチャンスに恵まれても「つかむ力」を持っていなければ、どんなチャンスも活かせないということです。**

いわれてみればごく当たり前の話でしょう。しかし、「つかむ力」を持っているか、身につけようとしているかと問われたら、はっきりと「イエス」と答えられる人はきっと多くはないはずです。

チャンスに恵まれていないと嘆くのではなく、チャンスを「つかむ力」を備える方向へと舵《かじ》を切らなければなりません。

では、チャンスを「つかむ力」はどのようにすれば備わるのか。

それには、やっぱり「行動」しかない。前にもいいましたが、それが、今まで生きてきた中で僕が得た答えです。**「行動」をしてこそ「つかむ力」もついてくる。**これもいわれてみれば、そりゃそうだよねと感じることでしょうが、しかし多くの人は「わかっちゃいるけど、それができない」という状態で結局、チャンスをつかむことができていないのです。

迷ったら、「大胆なほう」へ前進せよ

チャンスを「つかむ力」をつけるには「行動」しかない。だから僕は、**人生の選択で迷ったときには、選択肢の中で一番大胆な道を選ぶことをこころがけてきました。**「前進」か「現状維持」かの選択なら「前進」、「今までやったことのない道」か「やったことのある道」なら「今までやったことのない道」か「やったことのない道」、「楽な道」か「しんどい道」かなら「しんどい道」を選びます。

50歳になった今では、そのような選択ができるかどうかはわかりませんが、エネルギーがみなぎっている45歳くらいまでは、常にそのような選択をしていくべきだと思っています。これこそがチャンスを「つかむ力」を蓄えていくための方策です。

先ほどもいいましたが、チャンスは平等に転がっています。あとは自分にチャンスを「つかむ力」が備われば、まるで運命のようにして、予想もしなかった人生が転がり始めます。

僕が弁護士だけではなく、タレントから大阪府知事、大阪市長、国政政党の代表という一風変わったキャリアを歩んできたのは、常に「行動」する選択をした結果ですが、そんな人生となったきっかけも、これまでやったことのないことにチャレンジしようという選択でした。**最初にたった一つ「チャレンジする」という選択をしたことが、僕のその後の人生を決めたといっても過言ではありません。**

1997年のある日、僕は突然、高校のラグビー部の先輩だった人から電話連絡を受けました。

先輩は大学卒業後に放送局に勤め、当時ラジオのディレクターになっていたのですが、その電話は、「担当している深夜番組に出演予定だった弁護士が、急に出られなくなってしまった。橋下、ピンチヒッターで出てもらえないか」という打診でした。

「生放送だから、とにかく弁護士にその場に座ってもらうことが必要なんや。すごいことを話してくれなくていい。ただ席に座って、パーソナリティの振りに答えてくれるだけでいいから、とにかく来てほしい」

そう言われて、僕は、いきなり生放送でしゃべることができるだろうか、と一瞬迷いましたが、これまでやったことのないチャレンジをやってみよう、という選択をしました。

テーマは、神戸連続児童殺傷事件だといいます。その事件の犯人が14歳の少年だったことがわかり、世間に激震が走っていた頃のことでした。その日の番組は、少年法などについて見解を聞くために、わざわざその道に詳しい弁護士をキャスティングしていたそうですが、それが急に出演不可となってしまったのですから、先輩が焦るのも無理はありません。

生放送の当日に連絡を受けたので、準備も何もありません。でも僕は、そのときにチャレンジの選択をし、そのことが結局、僕の人生のすべてを決めることになったのです。

出演するとなれば、あとは手を抜かずに全力で取り組むことです。

僕には、少年犯罪について自分なりの意見がありました。当時は、世間でも弁護士の世界でも、少年犯罪に関しては「未成年者である加害者を守れ！」という論調が圧倒的多数でした。でも僕は、未成年者だろうと凶悪犯罪を起こした人間は厳罰に処すべきであり、場合によっては死刑もありうるというのが持論。そこで当日のラジオ生放送では、その持論をはっきり述べることに力を入れました。

すると、そんなことを言う弁護士は当時では珍しかったのか、その放送を聞いていた大阪のあるテレビ局のプロデューサーから、「うちの番組にも出演してくれないか」という依頼が入りました。これが僕のテレビ初出演です。その番組も生放送で、少年犯罪を特集する15分くらいのコーナーでの出演でした。ラジオのときと同様に持論を展開することに力を入れたところ、今度はその局で新しく始まる夕方の情報番組のレギュラーコメンテーターになってくれ、と言われました。持論を展開するには、しっかりと勉強しなければなりません。**世間のだいたいの人たちが言っていることを「右に倣え」で同じように言うのは簡単ですが、世間の風潮と異なることを言うには、完璧な論理を構築しなければなりません。**これまでの経緯や、学説、多数説・少数説の問題点などをすべて把握した上で、自分なりの持論を構築しなければなりません。ここで「自分の価値」を打ち出せるかどうかが勝負です。

こうして番組の週1回のレギュラーコメンテーターとなってからも、自分らしい持論が展開できるように必死に勉強しながら、手を抜かずにコメントをしていました。この番組で、同じ曜日のレギュラーコメンテーターとして僕の隣に座っていたのが、あのデーブ・スペクターさんです。

ちょうどそのとき、東京のTBS局では爆笑問題さんが司会を務める「サンデー・ジャポン」という情報バラエティ番組が始まることが決まっており、レギュラー出演する弁護士を探していたようです。

そこで、すでに「サンデー・ジャポン」にレギュラー出演することが決まっていたデーブさんが、「こんな弁護士がいる」ということで、僕と一緒に出演していた大阪の情報番組のビデオを「サンデー・ジャポン」のプロデューサーに見せてくれたようです。そして、「サンデー・ジャポン」のプロデューサーからレギュラー出演の依頼がきました。

これが東京のテレビ番組への初進出になりました。番組の初日から、僕は準備をしっかりやった上で、力を込めて持論を展開しました。生放送は、準備したものがそのまますべて活きるという甘いものではありません。また弁護士が普通に解説するようなことを僕が解説しても、自分のウリにはなりません。一つのテーマに100くらいの準備をやって、使ったものは一つや二つ。場合によっては**使ったものは0で準備の労力だけか**

かったということも多々ありました。それでも手を抜かずにやり続けました。持論で自分のウリをだすだけでなく、「弁護士なのにスーツではなくGパンと革ジャン」という独自のスタイルもウリにしていきました。

そんな自分の個性にこだわって、とにかく手を抜かずに出演していたら、今度は日本テレビ系の「行列のできる法律相談所」のプロデューサーから、レギュラー出演の依頼がありました。「行列のできる法律相談所」では、バラエティ番組ということもあり、出演するタレントさんのトークに入っていくことに力を入れました。番組としては僕にそんなことまで求めていなかったのでしょうが、ここは自分の調子乗りの性格が出たというか。プロの芸人さんのトークには、「しゃべり」の素人《しろうと》が入る余地はありません。しかし何とか必死にくらいついていたところ、司会の島田紳助さんや当時のレギュラー出演者から、「素人がここまでがんばってんのやから、何とかしたろか」という感じで強烈なサポートをもらいました。そのようなことで、番組内では、僕に「茶髪の風雲児」というキャラクターができあがりました。

後の展開は、皆さんもご存じかもしれません。読売テレビ系の「そこまで言って委員会」、テレビ朝日系の「スーパーモーニング」、フジテレビ系の「笑っていいとも！」など、全国ネットや関西ローカルのテレビ出演が次々と決まっていったのです。

情報番組や報道番組においては、うだつの上がらない大阪の政治行政について批判的コメントを展開していましたが、コメンテーターの立場でいくら言っても、世の中何も変わりません。そんなコメンテーターの虚《むな》しさを感じていたときに、作家の故・堺屋太一さんから、大阪府知事選挙への出馬をすすめられたのです。

ここは正直迷いました。政治の世界に入るということになれば、民間人としての生活をいったんすべて捨てなければなりません。当時は経営していた法律事務所の仕事だけでなく、テレビの仕事や講演会の仕事も増え続けていました。大金持ちになることを望んでいないのであれば、当時の収入で何不自由なく生活できました。世間からも批判を受けるようなことはなく、どちらかといえば、どこに行っても歓迎される立場でした。ところが政治の世界に入るとなると、収入は激減しますし、自由が制限されます。そしてメディアなどからも厳しく監視される。批判を受けることは予想していましたが、あそこまで誹謗中傷を受けるとは予想外でした（笑）。とにかく、経済的にも、自由という点でも、政界に入るメリットはありません。さらにあの政治家や役人たちと一緒に仕事ができるのか。色々と迷う要素はあったのですが、**最終的には「大胆な道」「今までやったことのない道」「現状維持ではなく前進という道」「チャレンジの道」を選ぶことにしました。**当時、僕は38歳。失敗してもまだ挽回できる年齢です。コメンテーターとして虚しさを感じ、口で言うだけでは何も変わらないのであれば、一度自分が変えることに挑戦してみよう、そう思ったのです。

再選確実と思われていた前知事の太田房江さんの不祥事と辞任劇も、僕には、チャンスの風が自分に向かって吹いているように感じられました。

行動することでチャンスをつかむ。迷ったら「大胆な道」を選ぶ。やるとなったら一生懸命やる。大阪府知事に当選したことは、そんな生き方によって僕が到達した一つの結果だったのかもしれません。その後も、活動の舞台こそ変わりましたが、生き方は基本的に変えていません。

大阪府知事に当選し、一心不乱に大阪の改革に取り組み、大阪維新の会を結成して、大阪都構想に挑みました。その過程では大阪市長に転身し、国政政党の代表にも就きました。政治評論家では決して見聞きできない日本の政治の実際を体験することができました。

この道のりも、とにかく行動する、その時々で手を抜かずに一生懸命にやる、選択するときには「大胆な道」「前進」「チャレンジ」を選ぶ、の繰り返しでした。最終的には、2015年5月17日の大阪都構想の住民投票に敗れ、悲願は達成できずに、政治家を引退しましたが、**僕はいつ死んでもいいくらい、自分の人生に納得感、燃焼感を抱いています。**

そして、政治家を引退した今、政治家や、それ以前のタレント弁護士時代とはまったく異なる人生を歩んでいます。経済的収入を取り戻し（笑）、自由を取り戻し、本を書く仕事や国内外の取材活動や自分の番組など、以前にはなかった仕事も増え、よりいっそう充実した生活を送っています。

知事、市長、国政政党代表という貴重な経験も、38歳という年齢で大阪府知事に当選したことがきっかけですが、なぜ僕が大阪府知事選挙に当選したか。大阪府知事選挙は、東京都知事選挙に次ぐ大型選挙で、38歳の若造ではなかなか当選できません。僕が当選できたのは、タレントとしてテレビに出演することで、僕の名前と人となりが大阪府民に知れ渡っていたからです。タレントとしての仕事のプロセスがなければ、とてもじゃありませんが、僕が大阪府知事選挙に当選することはなかったでしょう。そして、僕がタレントになったきっかけは、高校時代の先輩から突然舞い込んだあのラジオ出演がすべてです。

つまり、もし約20年前のラジオ出演の依頼に対して、現状維持や守りの姿勢からお断りをしていたら、おそらく、その後の僕の人生の展開はまったく違っていたものになっていたでしょう。**今の僕の人生すべては、約20年前のあのときに「はい、出ます」と言ったことから始まったのです。**

「計画どおりの人生」なんてない

こうして僕の人生は、それまで思いもよらなかった方向へと動き出しました。選択は「大胆に」「チャレンジ精神を持って」すること、とにかくその時々で手を抜かずに一生懸命にやること、圧倒的な量をもって行動すること、自分のウリを明確にすること。これらを徹底していたからこそチャンスを「つかむ力」を得ることができ、その結果、巡ってきたチャンスをしっかりと活かすことができたのだと思っています。

ただし、当時は、このようなことをすべてわかってやっていたわけではありません。今、人生50年を経たところで、振り返ってみて気づいたことです。

20代、30代で、自分の人生をきっちりと計画し、その通りに人生を進めることができる人は、非常に少ないでしょう。でも、成功するには、まず人生計画を明確に描かなくてはいけないと、劣等感や焦りを感じている人も多いかもしれません。

僕も20代の頃は、人生で成功を収めている人は皆、きっちりと計画を立てている人だと思っていました。ところが、その後自分もそれなりの人生を歩み、国内、国外で成功を収めている人と数多く接触する機会を持ってきて、今、いえるのは、人生なんて計画どおりにいかない、ということです。

成功している人も、ほとんどが思いもよらない人生の歩みになっている、ということです。もちろん、中には自分の才能や歩むべき道を早々に見出し、それを元に立てた人生計画に沿って着実に歩んでいる人もいます。でも、それは極めて稀なケースです。

20代やそこらで、人生をきっちりと計画できるほうが珍しいのです。世の中は、自分が感じているよりもはるかに広く、その若さで、夢や希望を明確に持てないというのも当たり前です。

では、何が人生を決めるかといえば、今までにも話してきた通りです。

人生50年の経験からいわせてもらうと、思いもよらないチャンスをしっかりとものにする人と、ものにできない人は明確に分かれる。そして、**チャンスをものにしている人**

の共通点は、皆、その時々に、一生懸命手を抜かず、圧倒的な量で行動しているということです。

自分の周りに転がっている大きなチャンスは、何も行動せずにアンコウみたいに口を開けて待っていても絶対につかむことはできません。

チャンスをつかみたいと思うのなら、日ごろから行動すること。圧倒的な量をこなしながら必死に突き抜けようと、もがき続けること。このような中で、まるで運命のような巡り合わせでチャンスをつかみ、大きな結果がやってくるのです。

夢や希望を持てないから行動できない。仕事に楽しさを感じないから行動できない。これらはすべて言い訳ですし、このように言っている限り、チャンスをつかむことはできないでしょう。

人生の計画などそもそも不可能なんだから、今の段階で夢や希望を明確に持つことなんてできるわけがない。今の仕事に楽しさを感じないのであれば、楽しく感じることを追い求めればいい。50歳もすぎれば新しいことへのチャレンジの気力も落ち、失敗してから挽回するのも大変かもしれませんが、**20代や30代は、失敗してもそれは必ず「チャンスをつかむ力」につながるし、失敗の挽回もできる。**

うだうだ言う前に、今の環境で一生懸命やるか、それとも今の環境を捨ててでも自分の合う場所を求めるか。とにかく「行動」です。

第2章

自分の商品価値を高めよ

——これからの時代に求められる異端力

自分の「強み」を武器にする

自分の商品価値を高めるというのは、組織に属する働き方を選ぶにしても、属さない働き方を選ぶにしても、成功するためには欠かせません。

それにはまず、自分の「ウリ」を明確化することですが、今の自分の力に見合わない、過大な力を誇示しようとしても、周囲には簡単にわかってしまいます。

会社組織に属する身として、取引先と丁々発止のやりとりをしなくてはいけないときは、多少はったりが必要な場合もあります。しかし**個人としての商品価値を考える上では、分相応なウリが必要なのです。**

経験不足なら経験不足なり、実力不足なら実力不足なりに、ウリにできるものがあるはずです。

たとえば僕の場合、駆け出しの弁護士だった頃にウリにしていたのは「スピード」でした。

20代後半の若手弁護士ですから、得意分野を打ち出そうにも、まだ自分に対する信用は確立されていません。信用という点では10年選手、20年選手の中堅・ベテラン弁護士には敵うべくもない。だとしたら何がウリになるかと考えた末に、当時思い当たったのが、免許制の職業である弁護士はどこか殿様商売的なところがあり、全体としてあまり仕事が素早くないということから、スピードを重視しようということでした。

経験が浅いというマイナス要素を乗り越えるには、おそらく「料金を下げる」というのが最も簡単な方法でしょう。しかし、「安い代わりに質は低い」と公言し、経験が浅いことを言い訳にしているようで、それをウリにする選択肢は取りたくありませんでした。

名刺交換の際、大半の人は弁護士と聞くと「何が専門ですか？」と尋ねてきますが、僕は「特定の専門というより、スピードです」と、ひたすら「スピードがウリの弁護士」であることをアピールしました。

人は初対面の人間が言ったことなどたいして覚えていないものです。だから**相手に伝**

える自分のウリは一つ、多くても三つが限度でしょう。相手の印象に残るように、端的に簡潔に伝えることが重要です。

また、あくまでも補助的なものですが、見た目の印象も侮れません。

僕も、いかにも弁護士といった風体では、「スピードがウリ」という目新しさに説得力が出ないと思いました。そこで、あえてカラーシャツに派手なネクタイ、茶髪など、およそ弁護士らしからぬ風貌で会合に出かけたものです。当時は「弁護士＝白いワイシャツに無地のネクタイ、紺かグレーのスーツ」が一般的だった中で、スピードというウリと風貌が何となく一致したのではないかと思います。

ウリは他を圧倒しなければならない

アピールしている自分のウリが「看板に偽りあり」になってはいけません。

その上、ウリは、他を圧倒しなければなりません。「他とは少々違います」くらいでは、相手はそれをウリだと評価してくれないからです。

周囲が「1」程度のレベルで済ませることを、自分は「1万」ものレベルくらいにやって、ようやく周囲に自分のウリは「5」くらいのレベルだと通じる。自分のウリを、周囲にウリだと認識してもらうためには、それくらい他を圧倒するものでなければなりません。

僕が弁護士として働き始めたばかりの頃には、「スピードがウリの弁護士」というからには、その点で「こんな程度か、たいしたことないな」と思われるのだけは絶対に避けなくてはいけない。だから依頼に対しては、「超」スピード対応をしていました。

弁護士の依頼者は、いうまでもありませんが、何らかのトラブルに巻き込まれていま す。となれば一刻も早く弁護士に相談したいはずです。しかし当時は、まず依頼者が弁護士と面談するまでに1~2週間かかっていました。しかもやっと弁護士に相談できたとしても、トラブルの相手にアクションを取ってもらうまでにまた数週間かかる。その間に依頼者がトラブルの相手から執拗な要求を受けることも多々あります。最終的に裁判を起こそうとなっても、さらに数か月かかるというのがざらでした。

そこで僕は、依頼者から相談があれば、できる限りその日中に話を聞きました。当時、弁護士は面談して相談を受けるのが普通だった中、僕は電話で相談を受けていました。そして相手方には、相談を受けたその日のうちにこちらの主張を伝える書面を送るようにし、相手の電話番号がわかれば、その日のうちに相手に電話で連絡を取るなど、アクションを起こしました。連絡が取れたらその日のうちに相手と面談することもありました。場合によっては、依頼された当日に、示談交渉でトラブルを解決したということもありました。

これくらい他の弁護士と異なるスピード感を示して、やっと「スピード」というものが自分のウリとなります。

この程度のスピード感は、今では一般的なことかもしれませんが、約20年前はそうではなかった。ここに僕は自分のウリを設定したわけです。

当時は、僕も若かったので体力には自信があり、こうした超スピード対応もたいして苦にはなりませんでした。そういう意味でも、スピードをウリにしたのは、経験の浅さというマイナス要素を乗り越える上で、僕にとって正解だったと思います。

努力を一番の目的にしてはいけない

前項で話したように、自分の商品価値を高めるにはウリを明確に打ち出すこと。そして、そのためには圧倒的な量をこなす努力が必要です。しかし**努力そのものが自己目的化してしまうと、ウリを明確に打ち出し、自分の商品価値を高めるという本来の目的から外れていってしまう。**これには注意が必要です。

努力するというプロセスも重要ですが、あくまでも一番の目的は自分の商品価値を高めること。すべての努力は、そこに向かうものでなくては意味がありません。

たとえば名刺交換などは、わかりやすい例でしょう。

学生や若手のビジネスパーソンで、しきりに「この間誰々と名刺交換した」と言いたがる人をよく見かけます。

しかし、その**「誰々」と名刺交換したことが自分の商品価値を高めることに活かされ**

なければ、単なる「名刺コレクター」にすぎなくなってしまう。後から自分の名刺を見た相手が、自分の顔や言葉を思い出すくらいでなくては、名刺交換をした意味がないのです。

僕も、社会に出たばかりの頃には膨大な数の名刺を配りましたが、そこで圧倒的な量をこなしたのは、とにかく「スピードがウリの弁護士」である自分という存在を知ってもらい記憶にとどめてもらって、仕事につなげるためでした。大量の名刺交換そのものが目的ではなかった。あくまでも自分のウリを記憶にとどめてもらう手段でした。

この点、**努力至上主義に陥ってしまうと、目的と手段を混同し、手段の努力をすることがいつのまにか目的になってしまいます。**今やっている自分の努力は、目的を達成するためのものになっているのか、常に確認が必要です。そして目的達成に向けてズレがあるなら、修正・改善の繰り返しが必要です。

そもそも、すべての努力は必ず報われるというのも半ば幻想といわねばなりません。

特に現代のように生き方の多様化が進み、ある種の天才が遺憾なく才能を発揮できるような世の中においては、努力ではどうにもならない場合もあるというのも偽らざる現実です。

努力が無駄だといっているのではありません。ただ「何でもがんばれば何とかなる」とばかりに「努力」そのものを目的に据えると、その努力がどこに向かっているのか、本当に自分の商品価値を高めるための努力なのかという視点が失われてしまう。それがために「骨折り損のくたびれ儲け」になるのはもったいないということです。

もし、自分で圧倒的と思えるほどに努力しても手応えがないのであれば、それは努力している対象そのものが自分には向いていないということかもしれません。

ならば努力の対象をスパッと変えて、新しいことでまた圧倒的な量をこなせば、ウリが明確になり、自分の商品価値が高まることにつながるかもしれない。行動することによって、チャンスを得ることができるのです。今の日本社会においては、選択肢はたくさんある。一つの道にとらわれる必要はありません。自分の歩むべき道をどんどん変えて、自分が一番ハマるものを見つけていけばいい。どうせ相撲を取るならば自分が勝てる土俵で相撲を取ろう、この土俵は違うなと感じたら別の土俵を探そう、ということです。

現代は、どんな努力によって突き抜けるかわからない時代です。

どんなことでもウリになる可能性がある時代、戦える土俵は無限にある時代だと考えて、自分に相応《ふさわ》しい土俵、すなわち努力の対象を見つけていってください。

「質」は「量」で磨かれる

自分のウリに基づいた仕事は、圧倒的な量をこなせば、自然と質が上がっていきます。すなわち、ウリに磨きがかかってくる、ということです。**質は量をこなすことによってこそレベルアップするものであり、質だけをレベルアップするのは非常に困難なのです。**

僕も、大阪府知事選挙の誘いの件で、初めてお目にかかった故・堺屋太一さんから「橋下さんは、すごく仕事が速いんだってね」と言われて驚いたことがあります。

僕自身は自分の「スピード」というウリを必死に貫き、日々量をこなしていただけですが、その**ウリは仕事相手や周囲に認められて、僕の知らないところで、堺屋さんの耳にまで聞こえていたんだとうれしくなりました。**

堺屋さんは、僕の仕事の速さを第一に評価してくださり、大阪府知事選挙に誘ってくださったのです。当時は、茶髪にサングラスで、Gパン革ジャンの弁護士です。普通なら大阪府知事に相応しい人物と評されることはないでしょうが、堺屋さんは、僕の最大のウリのスピードを評価してくださいました。

そして、僕は大阪府知事選に出馬して当選し、政治家の道を歩み始めたのです。自分のウリが、大阪府知事につながったのです。

圧倒的な量をこなす重要性は、その後もずっと感じています。

知事や市長だった頃には、他の政治家から「橋下さんは、よくメディアで取り上げられていいですね」などと言われましたが、それは「メッセージの発信量」において僕が圧倒的だったからでしょう。大阪府庁内で週に1度行われていた定例記者会見は、質問がなくなるまで時間無制限でやっていました。2時間や3時間にわたって記者の質問に答え続けることもよくありました。

その定例記者会見とは別に、朝の登庁時と夕方・夜の退庁時にも、役所の廊下で僕が立ったまま記者の質疑に対応する通称「ぶら下がり」も、毎日、質問がなくなるまでやっていました。大きな会議やイベントがあったときも同様です。

記者会見を時間無制限にしていた理由は、**知事・市長・国政政党の代表という権力者の立場に就いた以上、国民から不断の監視を受ける必要がありますし、国民に対しても情報提供する義務が生じるからです。**

国民ひとりひとりに対応するわけにはいきませんから、テレビカメラの向こうに存在する国民や、新聞・雑誌を読んでいる国民を想定して対応していたつもりです。

このような考えですから、ただ単に時間無制限にしていい加減に答えていたわけではなく、国民が納得できる返答ができるよう、日ごろの準備も怠りませんでした。僕は、しばしば賛否両論が沸き起こる強烈なメッセージを放つこともしていましたが、そういうときほど記者がどれだけ意地悪な質問をしてきたとしても持論を展開できるよう、完璧な準備をしていました。これは先ほど（44ページ）も述べましたが、テレビに出演する際に持論を展開できるようにしっかり準備していたのと同じです。テレビ出演の際に一生懸命行動していたことが、ここで活きてきた。面白いものです。

ここまでのことをやって、やっと、そのうちのほんの少しのメッセージが、メディアで報じられるという感じです。**1万のメッセージを記者に発して、やっと1くらいが報じられる**という感じでしょうか。そうであれば10のメッセージを報じてもらおうと思ったら、10万のメッセージを記者に発しなければなりません。1を発して、そのまま1を報じてもらえるようなものではないのです。

「俺がしゃべっても、全然メディアは報じてくれない。橋下さんはうらやましい」と愚痴を言っている政治家に限って、そもそもの発信量はまったくもって少ないし、あえて報じる価値もない、誰もが言うようなことをダラダラと記者に話しているだけです。

弁護士から始まり、タレント、知事・市長・国政政党代表とさまざまな「強み」を掛け算してきてもなお、僕は圧倒的な「量」をこなしていたつもりです。

自分のウリは、圧倒的な量を実行することで磨きがかかり、やがて自分の代名詞になっていきます。

「スピードの橋下」というウリが定着していたように、政治家であった僕に「発信力の橋下」「実行力・改革力の橋下」というようなウリが定着していたとすれば、その裏には膨大な量をこなしていたという事実があります。実際、今は、「実行力」「改革力」というテーマでの講演会依頼が非常に多くなっています。

自分が「○○の誰それ」と呼ばれるようになったとき、自分の商品価値は一気に高まるということです。

もし、「これだけやったのに結果が出ない」「こんなにがんばっているのに、なんで評価してもらえないんだろう」と思うことがあったら、それはまだ、圧倒的な量をこなしたという領域にまでは達していないんだと反省し、改めて行動の量を増やしていくべきです。

今の仕事＝今の自分の商品価値

前項で話したように、圧倒的な量をこなしていると、自分の仕事の質が高くなり、ウリに磨きがかかります。

こうして自分の商品価値が高まると、それに見合う形で、任される仕事や依頼される仕事の質も上がってきます。つまり、**今の自分の目の前にある仕事は、自分の商品価値に見合った仕事だということ。**端的にいえば、一生懸命に量をこなせば、将来的に自分に舞い込んでくる仕事の質が上がってくるということです。

それだけではありません。仕事の質が上がれば、自ずと量に追われるということがなくなる。

これが量から質へのシフトチェンジというもので、ウリが磨かれ、自分の商品価値が高まってくるとどこかで訪れるものです。

いきなり質の高い仕事ができる人なんていない以上、はじめから質を狙っていくことは非常に難しい。親からすでにウリになっているものを継いだり、よほど才能に富んだりした人でない限り、ほぼ不可能です。僕の人生経験からいえば、**通常は、まずは量をこなして自分のウリを磨いて仕事の質を上げ、商品価値が高まることで量に追われることがなくなる**というプロセスをたどるものです。

僕も政治家になる以前は、講演の依頼があれば、どんどん受けるという感じで仕事を詰め込んでいました。弁護士の仕事も、テレビ出演の仕事も同時に取り組むので、数時間単位のスケジュールで日本の東西南北に飛び回っていました。まずは「量」だったのです。

このように、以前はひたすら量、それもアウトプットばかりの日々でしたが、質が上がり、量に追われなくなったおかげで、今はインプットにも時間を割けるようになっています。

たとえば地方の講演会に招かれた際、以前は日帰りしていましたが、今では、必ずその土地で宿泊するようにしています。そうしたことで、地域活性化のテーマについて講演会で話したり、本に書いたり、あるいは地方の政治課題についてテレビで話したりするための取材がきっちりできるようになりました。

日本の政治の課題などについても、今では他国の事例を知るために、その国を実際に訪れて取材をしています。

外に出かけてインプットするばかりではありません。自宅で本を読んだりする時間もきっちりと取れるようになったし、もっといえば、仕事のインプットからも少し離れ、家族と一緒に過ごす時間も取れるようになりました。


まず、量をこなすとウリに磨きがかかって確実に仕事の質が上がり、仕事の質が上がると自分の商品価値が高くなり、すると必然的に報酬単価が上がります。

直接的な表現になりましたが、これは「仕事の世界の定理」ともいうべきものです。

つまり、質の向上は報酬の上昇とセットになっているからこそ、質が上がることで量に追われなくなり、それまで数をこなすために使っていた時間を別のことにも割けるようになる。「量から質へのシフトチェンジ」は、こうして起こるのです。

さらに、ここで生じる時間的余裕を何に使うかによっては、強みを増やし、掛け算することにもつながります。

僕も、地方出張のスケジュールを、余裕を持って組めるようになった分、その地域の歴史的名所や史跡をガイドさんの説明付きで巡ったりして自分が話すことができる題材を増やしています。僕自身、今もなお、強みの掛け算を模索しているところなのです。

このように、**ウリを明確化し、自分の商品価値が高まれば、量に追われることなく仕事を取捨選択できるようになります。**誰にでもできるような仕事は、あえて自分がやらなくてもいいという判断ができるようになる。そして時間的な余裕が生まれ、その分さらに自分の強みを増やし、磨き、新たな掛け算を生んでいくことができる。この循環になればしめたものです。

そのために、**まず徹底して量をこなしていく。目の前にある任された仕事を一生懸命やる。**

「独立したけど思うように稼げない」「上司から、つまらない仕事ばかり振られる」などと腐っている場合ではないのです。ただし、先ほども述べた通り（62ページ）、量をこなす努力が自己目的化してはいけません。量をこなすのは、あくまでもウリを明確化し、自分の商品価値を高めるため。ある程度の量をこなしてみて、自分の商品価値が高まっているという手応えがまったく感じられない場合には、仕事をどんどん変えればいいのです。この点は、くれぐれも忘れないでほしいと思います。

仕事の「相場観」を押さえよ

組織に属さないフリーランスの場合は、いっそうわかりやすく「今の仕事＝自分の商品価値」ということが金銭面にあらわれます。たとえば独立したての頃は依頼主の「言い値」で仕事をしていたところ、自分のウリを明確に打ち出し、量をこなし、そうしているうちに自分の商品価値が高まるにつれて、依頼主から提示される報酬額が上がっていきます。こういう変化は、はっきりあらわれるものです。

つまり、自分の商品価値が高まり、自然と自分の仕事の「相場」が変わるということですが、独立して仕事をしていく上では、**自分の商品価値の高まり具合や「相場観」を押さえておくことも非常に重要です。**

相場観とは、自分の商品価値によって舞い込んでくる仕事のだいたいの報酬額、すなわち世間は自分の仕事に対してどれくらいの金額をつけてくれるかという認識です。

仕事は、結局は依頼主あってのものですが、自分の商品価値を過小評価する必要はありません。一番避けなくてはいけないのは、自分の商品価値の相場観をつかまないまま、相手に金額を丸投げしてしまうことです。ただし、逆に自分を過大評価し、相場観を無視した高値をつけると、仕事がなくなるという事態に陥ります。

では、どうしたら自分の今の商品価値を把握し、妥当な相場観を定められるか。それぞれ方法があります。

まず自分の今の商品価値は、自分の感覚に聞いてみることです。

・今まで懸命に量をこなしてきたという自信があるか
・この間、自分は手を抜かずに、ウリを明確かつ圧倒的に打ち出してきたか
・そのウリに磨きをかけ、仕事の質を上げてきたか

これらの問いに対して、自信を持って「イエス」と言えるのなら、過去の自分の商品

価値より今のそれのほうが、確実に高まっていると見て正解です。それに見合った報酬額になっていないと思った場合には、自分から報酬単価を上げる交渉をするのも、もちろんありでしょう。

それにはもう一つ、相場観を具体的に定める必要があります。王道ですが、これは情報収集することです。**自分と同じ職種で、同じような年齢やキャリアの人、特に、自分と同程度の一生懸命さ、量をこなしている人の報酬額を参考にする。**これは、仕事の報酬額を交渉する上で非常に重要になる。その上で、依頼主に気に入られたい、好かれたいといった人間関係上の感情は抜きにして、自分の相場観を依頼主に伝え、交渉を進めることです。

依頼主の評価によって、実際の金額が自分の相場観より高くなったり低くなったりすることもあるでしょうが、いずれにせよ、日ごろから自分のあらゆる情報センサーを敏感に働かせて、まずは自分なりに相場観をしっかりと定めること。

一方、組織に属している場合も、**これまで手を抜かずに量をこなしてきた自信がある**

のに、一向にやりがいのある仕事を任せてもらえないなどの不満があるなら、転職を視野に入れてもいいでしょう。先ほど、自分の商品価値が高くなるにつれて、任される仕事の質も高くなっていくといいましたが、そういう会社ばかりとは限りません。その場合には土俵を変えるのです。

永久不変の「強み」は存在しない

これまで、自分のウリを明確にする、自分の商品価値を高める、という話をしてきました。

ここで注意しておきたいのは、自分のウリは常に移り変わるということです。**一度ウリになったことが、永続的にウリになるということはありません。**他人や世間からの評価などは固定的なものではなく、流動的なものです。

弁護士時代に、僕が「スピード」をウリにしていたことを先ほど（57ページ）話しましたが、その程度のスピードは、今ではごく普通で驚くことではないかもしれません。弁護士が増えたことで業界内の競争が激しくなってきており、かつての殿様商売では仕事が成り立たなくなってきています。約20年前にウリになっていたことが、今もウリになると思ったら大間違いです。

ここを見誤ると、一度ウリになったことにしがみつき、そのウリが通用しなくなった

ことにも気づかずに、古びたウリを押し通そうとしてしまう。

たとえば、人気観光地の一つだった神戸が、近年のインバウンド需要の盛り上がりの中で苦戦している。それがなぜだか、わかりますか。

神戸は港町であり、旧外国人居留地の雰囲気を今でも観光の目玉、神戸のウリにしていますが、それはかつて、日本人の観光客にとって「異国情緒漂う魅力的な風景」だったというだけです。

外国人観光客のインバウンド需要を取り込むために、かつてのウリがそのまま通用するわけではないのです。西洋風の建物が立ち並ぶ風景は、日本に育った人には「おしゃれ」に見えますが、西洋から日本に訪れる外国人観光客にとっては面白くもなんともないでしょう。自分たちの本国に帰れば、西洋「風」どころか、本物の洋館が普通に並んでいるのですから。

アジア圏、特に中国からの観光客にとっても、多くのアジアの諸国には西洋列強による植民地時代の名残《なごり》の街並みがあるので、やはり神戸の旧外国人居留地は珍しくはありません。たとえば上海の外灘《バンド》地区などは、数キロにわたる旧居留地区です。さらに神戸の中華街は、中国人にとっては地元の小さな商店街くらいの感覚でしょう。

要するに、大きなテーマパークもなく、神社仏閣など歴史遺産も乏しい神戸は「異国情緒漂う港町」という、かつてのウリにしがみついている。しかし、**そのウリは日本人に効果を発揮しても、今取り込まなければならない外国人に対しては効果がない**。それが、世界から観光客を呼び込もうという流れが高まっている日本の中で、神戸が苦戦している原因です。

時代とともにウリも変化していくのです。もちろん、変化しないことがウリとなる場合もあります。歴史・伝統・文化の類ですね。しかし、それとて時代に合わせる必要が出てくる場合もある。

守っていくことと、変化させていくことのバランス。これがきちんとできないと、ウリはどんどん廃れていきます。

仕事における例でいえば、たとえば自分が所属している会社の「社名」に、こだわってはいないでしょうか。あるいは自分の職種に対する妙なこだわりが、自分のウリを幅広く活かすことを邪魔してはいないでしょうか。

社名や職種に対するこだわりが、かつてのウリに対する単なる執着なのであれば、それは周囲の変化に合わせて柔軟に自分の活躍範囲を広げる足かせとなるだけです。

特に激変する世の中では、かつてのウリに対するこだわりが、自分の可能性を狭める可能性が高くなる。**「○○社の社員だから」「私の職種はこれだから」という、固定化されたウリにとらわれないことも、これから働いていく上で重要な鍵の一つなのです。**

周囲の評価は「商品価値」の鏡

日本では、必要なときに制度を頼りさえすれば、野垂れ死にすることはありません。そのことがわかれば、チャレンジに対する不安がだいぶ拭えるのではないでしょうか。そういう安心感が、チャレンジする勇気の起爆剤になるものです。

だから、**漠然とした不安はさっさと解消して、その分、自分のウリを見定め、商品価値を高めるためのチャレンジにエネルギーを注いでいく。**

このように自分の精神衛生を整えた上で、やってみようと思ったことはやってみる。いろんなことに触れる中で「自分のウリはこれだ」と思えるものが見つかったら、その点においては誰にも負けないように、一生懸命に圧倒的な量をこなす。

そうしていれば、自然と自分のウリは磨き上げられ、舞い込んでくる仕事の質が上がっていきます。そして量に追われなくなる、仕事のシフトチェンジ（71ページ）が起きます。

今は、何となく周囲から見くびられている気がするかもしれません。**でも、周囲の見る目というものは、自分の商品価値を映す鏡です。**見くびられていると感じるのなら、まだ自分には、見くびられるくらいの商品価値しかないということです。

もちろん、理不尽なパワハラやセクハラ、誹謗中傷などがあった場合は、絶対に泣き寝入りせず、しかるべき措置を講じることは必要です。しかしそれは別問題として、見くびられていると卑屈になる前に、まずは一生懸命手を抜かずに目の前の仕事に取り組むべきです。そうしているうちに、自分の商品価値の質が上がり、周囲の見る目も変わり、仕事の質も上がっていくでしょう。

これから皆さんが仕事をしていくにあたっては、次の3点を常に自問自答するようにしてみてください。

・「自分は、手を抜かずにやっているだろうか」
・「自分は、圧倒的な量をこなしているだろうか」
・「自分のウリに関して、誰にも負けないというくらい、行動できているだろうか」

独立志向のあるビジネスパーソンであれば、こうして手を抜かずにひとつひとつの仕事に真剣に向かうことが、そのまま独立の足がかりになります。

独立することにおいても、無鉄砲すぎるのは考えものですが、かといって慎重すぎると飛び出せなくなってしまいます。やはり「失敗してもこの日本では死にやしない」くらいの勢いはあってもいいでしょう。

独立後のプランなど正確に描ききれていなくても、**「よし、ここらでいっちょ自力でやってみるか」という意志を持ったこと自体が、今まで手を抜かずに圧倒的な量の仕事に取り組み、自分の商品価値を高めてきたという自信のあらわれです。**

「何とかなるだろう」というのも、一つの自信。そして実際、やってみたら、思いのほかうまくいった、となることもこの世の中多いものです。成功している人は、だいたいこんな感じで成功をつかんでいます。これが、僕が世の中を見てきた上での実感です。

第3章

物怖じすればチャンスは終わる

——最速で成長する力

難関を突破する「できる」マインドの作り方

「できるかどうか」を、自分の実力以上に左右するのは、自分の意識です。本当はできる能力があっても、自分自身が「できない」と思い込んでいたら、そもそもチャレンジなんてできません。そうなると何事も達成できなくなります。

僕が2011年に大阪市長になって、松井一郎大阪府知事（当時）と共に、新しい大阪府政・市政を展開しようとしたときに感じたのも、府庁・市役所の職員たちの意識改革、さらには大阪府民・大阪市民の意識改革の必要性です。

かつては東京と双璧をなし、「日本のツインエンジン」の一つと並び称されていた大阪が、当時は衰退の一途をたどっていました。大阪全体が自信喪失に陥っていたのです。

そんな「大阪なんて、この程度だ」という諦めムードを「これから、大阪は成長していくんだ」という積極モードに大きくシフトさせないことには、新しい大阪府政・市政も展開できません。

このような**大きな意識改革を成功させるためには、「自分たちは、こんなこともできるんだ！」という成功体験をメンバーに与えることに尽きます。**

そこで僕が目をつけたのが、「大阪城西の丸庭園でのイベント」でした。

大阪城といえば豊臣秀吉ですが、今、地上に見えている大阪城の城郭は、大坂夏の陣で豊臣家が滅びたのちに、徳川秀忠が建造したものです。

徳川秀忠は、豊臣大阪城の城郭に約1メートルから10メートルもの盛り土をして埋めてしまいました。その上に建造された城郭が、今、我々が目にする大阪城の城郭です。これは、秀吉亡き後も大阪の町民の間で秀吉信仰が続くことを恐れた徳川家康が命じたことでした。

こうした経緯から役所としては、豊臣大阪城の城郭を守るために、豊臣城郭の上にある約6・5ヘクタールの西の丸庭園でのイベント開催に対し、慎重になっていました。

大阪の誇りである大阪城、特に、西の丸庭園は大阪城天守閣が背後にそびえたつ、公園内で最も風情ある空間です。だからこそ、ここで風情を乱すイベントを行うことは、大阪城を守る役所部隊が最も嫌うことでした。府市の職員や大阪城を管理する学芸員たちは、とにかく西の丸庭園に物理的に手を加えることを極端に嫌がっていましたし、太閤秀吉殿下の遺構の上で、賑やかしいイベントをやることに感情的なためらいもあったのでしょう。この空間は静謐《せいひつ》さを守ることが第一だ、と。

他方で西の丸庭園は、大阪城天守閣を背景とする最高の空間なので、民間事業者からは、そこでイベントをやりたいという申請が山ほど来ていました。しかし、西の丸庭園でのイベントに対して役所は消極的な態度です。

ある著名な歌舞伎役者さんが歌舞伎小屋を設置しようとしたところ、庭園の芝生に杭《くい》を打つことの許可が出るのに大変な時間と労力がかかったと聞きましたし（最終的には、歌舞伎は風情に合うということで許可されたようです）、大阪の著名なシェフたちが集まった食のイベントも却下となったと聞きました。大きなイベント申請はほとんどが却下となっていたようです。

誰もができないだろうと思っていたことに挑戦して、自分たちはできるんだということを実感してもらう。その実体験を府庁・市役所職員や、府民・市民に味わってもらう。そのうってつけの方法が、大阪のシンボル的空間でありながら、イベントには消極的な西の丸庭園において、大きなイベントに挑戦すること。

そこで民間事業者から大量に来ていたイベント申請の中から、何をやるかを考えました。およそできないだろうということに挑戦する……。

僕と松井さんが選んだのは、「モトクロスバイクのフリースタイル大会」でした。

これは飲料メーカーのレッドブルが主催し、世界的には大変人気のある大会です。世界遺産などの地で、大規模なジャンプ台を設置した土のオフロード周回コースを人工的に作り、選手は一人ずつモトクロスバイクで走行します。他者とスピードを競うのではありません。大きなジャンプをしたときに、どのように華やかに、難しい「回転」を美しく決めるかを競うのです。

ジャンプの高さはゆうにビルの10階を超えるでしょうか。ジャンプ台を飛び立ったバイクは、ライトアップされた大阪城天守閣を背景に上空へと舞い上がり、常人では到底ありえないような大回転をします。選手の身体とバイクが離れながら宙を舞ったかと思うと、地上に降りてくる絶妙なタイミングでまた合体し、そして着地。そのたびに、観客は「ウォー！」と地響きがする歓声と盛大な拍手を送ります。

会場には万を超える観客が集まり、夜の西の丸庭園は煌《きら》びやかな色のライトが、大音響の軽快な音楽に合わせて点滅します。さながら巨大ディスコという感じでしょうか。そして宙を舞うバイクに、ライトアップされた大阪城天守閣。最高のイベントです。演出も素晴らしく、太鼓演奏があったり、甲冑を着た大人数の兵が集団行進をしたり、炎が昇ったり。

バイクの競技場の横は売店が軒を連ね、ビアガーデン状態です。ビールにソーセージとフライドポテト。定番です。

そしてこのイベントには税金を一切かけていません。あくまでも民間イベントであり、有料のチケット販売やスポンサーからの広告費ですべて運営されました。むしろ大阪市は西の丸庭園の賃料をいただいています。さらにこのイベントは、インターネット配信によって全世界に伝えられました。

イベントが終わってみれば大成功だったのですが、僕と松井さんが選んだときには府市の職員は猛反対です。当然でしょう。

そこから議論が始まりました。特に府の幹部が強硬でした。大阪城公園はこうあるべき、という感情が強く、「こんなモトクロスイベントなんてとんでもない！」という主観が先行していました。また、大規模なジャンプ台を備えた土製のコースを作ることには物理的な問題があるといいます。土が重すぎるため、西の丸庭園の地盤が崩れ落ちて、下に眠る豊臣城郭に傷がつくというのです。その他文化庁からも色々と言われていたようです。

府市職員に外部の識者を加えた議論を繰り返し、随時僕や松井さんも直接加わって、議論が停滞したときには、その課題について直接解決に乗り出しました。

地盤についてはボーリング調査を徹底し、コースについては土と発泡スチロールを併用して2・1トンまで荷重を軽くし、鉄板を敷くという対策が取られました。文化庁からも開催を疑問視する声が上がる事態となりましたので、入念な調査と計画の上で約300枚にも及ぶ報告書を提出しました。

このように議論に議論を重ねて1年がかりでみんなが知恵を振り絞り、やっと開催に漕ぎつけました。2013年5月のイベント当日、僕も会場に行きましたが、府市職員だけでなく、観客の皆さんや、あらゆる関係者が、「まさか、大阪城の西の丸庭園でこんなイベントができるとは！」と一様に驚いていました。僕は移動中も、観客席に座っているときも、府市民の皆さんから、「こんな素晴らしいイベントをありがとう！」と声をかけられ、しんどいことも多いけど、市長をやってて本当によかった、と感じたことを覚えています。

このイベントの様子は情報番組でも取り上げられ、府と市の職員にも反響が大きかったようです。さらに西の丸庭園の賃料をもらいながら、イベント終了時にはきれいに芝生も張り替わっていたというオマケつきです。

担当の職員は「民間の事業実行力はすごいですね」とつぶやいていました。僕は「府市職員の行政の実行力もすごかったと思いますよ。あの場所であのようなイベントをやろうと思えば、行政の環境整備が大変。それが整ったからこそ民間が思いっきりやれたんだと思います」と伝えました。

この大成功の経験によって府市の職員も、関係者も、そして大阪府市民も「大阪は、ここまでできるんだ！」という意識を強く持ったと思います。その後、職員から上がってくるイベント系の提案は、僕も「そんなことできるんですか？」と思わず聞き返してしまうほどの斬新なアイデアがどんどん生まれました。そしてその潮流は、今の吉村府政、松井市政にも続いていると思います。

大阪城では、この他にもトライアスロン大会も行われました。ランとバイクはわかるのですが、どこでスイムをするのか。それは「お堀」でした。それまでは「遊泳禁止！」となっていたのに（笑）、お城でのトライアスロンは世界的にも類を見ないということで、大阪城トライアスロンは世界大会に格上げされるそうです。

大阪の繁華街である「キタ」と「ミナミ」を結ぶ御堂筋のイチョウ並木を一斉に点灯させる御堂筋イルミネーションも、大阪の冬の風物詩になってきました。それに合わせて有名ミュージシャンのイベントが行われたことがあります。中之島公会堂前にステージを作り、周辺の道路を封鎖して、公道コンサートを開催したこともあります。

これら、革新的なイベントの数々の成功は、大阪城の西の丸庭園において、そんなことは絶対に無理だろうというモトクロス大会を大成功に収めたという実体験が、大きく意識を変えたことによるものだと思います。

「大阪なんて、この程度だろう」から「大阪はできる、自分たちならやれる！」と。そのためにも、誰もが簡単にはできそうにないと思うような、大きなチャレンジが必要なのです。

大きな成功体験が、未知の可能性を開く

大阪城でのモトクロス大会の成功を受けて、大阪の大きな方向性として打ち出していたことが力強く進んでいきました。**職員や関係者の「できる」マインドが物事をどんどん動かしていきます。**

僕は、大阪市内の中心部を通っている御堂筋という大通りを「パリのシャンゼリゼ」のようにするという大きなメッセージを発していました。

大通りの横にある右左折用の側道を自転車専用レーンや歩道に変更し、車が利用する道路から人が楽しめる道路に変える大きな方向性を示していました。歩道が拡幅することでオープンカフェや路上イベントが集まることを期待しています。

これは、大阪を多くの人が国内外から訪れる「中継都市」にしていくという大阪の方向性の一環として提案したことでした。

自転車道や、特に歩道が拡幅された御堂筋が、世界に類を見ない魅力と賑わいを集めれば、当然、多くの人が集まってきます。今は単なる道路ですが、ここを観光拠点にするのです。

こうした方向性のもと、吉村市政において、府庁・市役所の職員は「できる」マインドを持って、2016年から御堂筋を順次整備していっています。その1年前の2015年、僕が市長の任期を満了し、政治家を引退する年の秋、御堂筋を観光拠点にする一つの例として、超ビッグ・イベントを開催してくれました。

御堂筋を歩行者天国にする「御堂筋オータムパーティー」の目玉イベントとして、なんと御堂筋で本物のフェラーリF1カーを公道走行させるというのです。

パレードなどだったら想像もつきますが、まさかF1カーを走らせるとは。すでに「できる」マインドを持った職員たちの気概が感じられて、非常にうれしく、そしてたのもしく思いました。

御堂筋オータムパーティーの当日、F1カーが疾走する前のあいさつで、僕は、沿道に集まった数十万人の観客の皆さんに向けて「大阪において、ぜひ、日本初の公道F1レースを目指していきましょう」と大風呂敷を広げました。

道路上の安全が何より重視されており、交通ルールが非常に厳しい日本で、公道レースを開催することは、極めて困難です。しかし、僕の後の吉村市長・現大阪府知事は、大阪における公道F1レースを目指していると聞きます。場所は、2025年大阪万博の開催が決まり、カジノリゾートを誘致することになっている、大阪湾岸部の巨大な埋め立て地を想定しているとか。

もし大阪で日本初の公道F1レースが実現したら、それは、府庁・市役所職員や関係者、そして府市民たちの「できる」マインドが、困難を乗り越えて物事を大きく動かしたんだと、今の僕の話を思い出してください。「できる」マインドを持つことこそが、未知の可能性を開く扉なのです。

最初の一歩は「蟻の一穴」ではいけない

「諦め」マインドから「できる」マインドへの切り替えは、やはり実際に経験した成功体験によってしか得られないものです。

それも、ある程度想像がつき、成功することがわかっているような小さな挑戦ではなく、**あえて想像もつかない、成功するかどうかもわからない大きなことにチャレンジする。その中で、成功する方法を死に物狂いで考え、あの手この手でとにかく実行すること**。そのことが、大きくて強い「できる」マインドを作り、その自信が、その後の大きな飛躍へと導いてくれます。

「イベント原則禁止」の大阪城西の丸庭園で、モトクロス大会を開催するということは、府庁・市役所職員の誰もが「絶対できっこない」と思うほどの大きなチャレンジでした。

もし「まずできそうなことから始めればいい」という小さなチャレンジだったら、とりあえず盆踊り大会などから始めたかもしれません。でもそれでは、巨大組織である大阪府庁や大阪市役所の消極的マインド、そして大阪全体に漂っていた諦めムードを、一気に切り替えることはできなかったでしょう。

5人や10人の意識改革だったら、まずは小さなことに成功することでも十分なのかもしれませんが、僕は、巨大組織と880万人の大阪府民全体の意識をポジティブに持っていかなければならない立場です。「僕たち私たちはできるんだ、大阪はやれるんだ！」ということを大阪全体に示したかった。そのためには、誰もが絶対にできないだろうと思っているチャレンジに成功する必要があったのです。

たしかに、小さな成功体験を積み重ねることが大事だという考え方もあります。ちょっとやってみたことがうまくいったら、次のチャレンジもしやすくなり、少しずつ大きなことができるようになっていく。アーリー・スモール・サクセスという考え方で、とにかく最初の第一歩は小さい成功体験を得るべきだという考え方です。これも一つの真理です。

しかし、現状を大きく変える必要がある場合、組織全体の意識改革をする必要がある場合には、アーリー・スモール・サクセスでは足りません。ここはやはり、大きなチャレンジをする必要があります。**活路を開きたいと思うとき、その第一歩は「蟻の一穴」よりも「象の一穴」が必要な場合もあります。**

周囲には無謀だと思われるような挑戦は、もちろん容易ではありません。しかしその分、死に物狂いでありとあらゆる方法を考えるはずです。

そしてその結果、たとえ失敗しても、その過程において自分の新たな強みが生まれることも多々あるし、成功すればもちろん、とてつもない「できる」マインドが生まれます。つまり、**どのみち大きなチャレンジをして損はない、むしろ得することばかりということです。**

その先送りには「理由」があるか

つかんだチャンスを確実にものにするために、やろうと思えばすぐにできて、かつ非常に高い価値を持つことがあります。

それは「スピード」と「仕事の漏れがない」ことです。言い換えれば、**「先送りする理由」がない限り、とにかく「今できることはすぐにやる」**というのを徹底することです。

これを徹底すると、複数の仕事を同時に処理することができるようになり、時間あたりの行動量が増え、結果として周囲からの評価が高くなります。あなたに仕事を依頼した人にとっても、あなたがすぐにやってくれることで仕事の効率が高まりますし、何よりもあなたに依頼した仕事の進捗管理をする手間が省けるという大きなメリットを得ることができるのです。上司（依頼主）のあなたに対する評価はうなぎ上りになるでしょう。

まだ仕事を命じられる側（部下）にいる人は、仕事を命じる側（上司）にとって、仕事の進捗管理の手間がどれほどのものか、よくわかっていないかもしれません。これは上司になって初めてわかることです。

できる上司は、部下の仕事の進捗を常に管理しています。進捗管理がきちっとできていない組織は、仕事が途中で放ったらかしになり、動きが鈍くなります。進捗管理漏れが不祥事事案につながることもある。しかし、きっちりと進捗管理をしようと思えば、上司は常に部下の仕事の状況を頭に入れておかなければなりません。これはとても面倒で大変なことです。そこで部下が早く仕事を完了してくれれば、その仕事は上司の進捗管理から離れるので、上司は楽になります。部下から見れば、たった一つの仕事にすぎないかもしれませんが、多くの部下を抱えている上司としては、複数の部下のいくつもの仕事の進捗を管理しなければならないのです。**上司からすると、部下には少しでも早く仕事を完了してもらいたいのです。**

僕も秘書に「あそこに○○と連絡しておいて」などと簡単な事務作業をよく頼みます

が、その際に、秘書が「わかりました」と返事だけをして、その場で手を動かそうとしないのを見て「いや、今やってよ」と言うことがあります。

秘書から連絡の完了報告があるまで、僕は秘書の連絡作業を管理・確認する必要が出てきてしまいます。**できる限りその場で処理してもらったほうが、僕は後から「あれやってくれた？」と確認しなくてよくなる。**さらに、秘書は作業を忘れる心配がないし、管理（メモやタスク管理ソフトへの入力）する必要もなくなる。すぐにやることは、上司と部下、双方にとって大変なメリットになるのです。

ここでのポイントは、**「先送りする理由」があるかどうかを常に吟味するということ。**すべてのことを「すぐにやる」のではなく、「先送りする理由がないもの」は、すぐにやることが必要ということです。そうしないと、当たり前の話ですが、依頼された仕事を順番にこなすことになってしまい、やるべき仕事の優先順位をつけることができず、結局大切な仕事が後回しになってしまいます。これは、「すぐやる」ことを絶対視している人が陥る罠です。

先送りの理由がなければ、その場ですぐにやる。しかし、その場でできないものや、

優先順位として後回しにすべきものは、先送りする。この判断を迅速・的確にできる者が「仕事のできる人」と評価されます。

僕自身、「あれをやろう」「あれを調べよう」と思ったら、基本的にはすぐにやります。ときには、寝ている最中に気になったことが頭に浮かぶと、がばっと起き出して本やネットを開いたり、連絡メールを打ったりすることもしょっちゅうです。

メールの例でもう少し詳しく話します。たとえば、ある仕事に関して問い合わせのメールが来たとしましょう。人に聞いたり時間をかけて調べたりしなくても答えられる内容ならば、今やっていることを少し中断してでも即時に答えたほうが、時間効率は高いといえます。

もし、「これは後で返答しよう」と思って一度メールを閉じたらどうなるでしょうか。

一つの可能性は、メールを閉じたまま忘れてしまうこと。これは最悪のケースです。重要メールを忘れないよう、フラッグを立てるなどして管理するとしても、後から「そういえば……」とメールを再度開いて「何だったっけな……」と思い出しながら返事を書くようでは時間効率が悪すぎます。

一方、メールが届いた時点で返信してしまえば、後から思い出してメールを探す、内容を再度読んで考える、などという時間が節約できるわけです。

返事を書くのにかかる時間は同じと思うかもしれませんが、後から思い出してメールを探し、再度読んで考えて……という作業が積み重なってくると、トータルで考えれば、かなりの時間を無駄にしていることになります。まさに「塵も積もれば山となる」式で時間の無駄が膨れ上がるのです。

現に「忙しい人ほど返事が早い」とよくいわれます。できる人とは、たいていは忙しい人でもあります。彼らは決して大げさでなく「時は金なり」と考えているところがある。だからメール一つを取っても、すぐに答えられるものについて返事を後回しにするなどという、時間の無駄は作らないのです。

「すぐやる」重要性はメールに限った話ではありません。**このシンプルな行動原理を貫**

くことが、常にマルチタスクを回せるような、できる人の最低の条件と考えてください。

もちろん、中には先送りしたほうがいいケースもあります。先ほど例に挙げたメールにしても、時間を取ってじっくり考えたり、調べたりする必要がある内容となれば、即答しようがありません。さらに、そのときその場では別のことを優先させたほうが効率的となれば、メールへの返答はあえて先送りすることも考えられます。

その見極めをするためにも、**先送りグセのある人は、とりあえず、先送りしそうになるたびに「この先送りに理由はあるか？」と自問するようにしてみてください。**

すると意外と、その場その場で処理できることのほうが多いと気づくはずです。そして先送りする理由のないものを、そのつど処理するようにしていけば、以前よりもマルチタスクがこなせるようになります。その結果、時間的にも精神的にも余裕が生まれて、じっくり取り組むべき仕事にエネルギーを費やすことができ、上司や依頼主からの評価も高まるのです。

マルチタスクを回す優先順位の原理原則

前項で先送りする理由のないものは、すぐにやるほうがいいと話しました。

また「先送りする理由がある」というのは、一つは時間をかける必要があるなど「すぐにできない」場合。そしてもう一つは、たとえ「すぐにできる」ものでも、そのときその場では別のことを優先させたほうが効率的である場合、ということも話しました。

たとえば、先日のことです。僕は仕事で東京のホテルに数泊しました。そして最終日、あとは取材1件を残すのみというところで、夕方の2時間ほどの空き時間ができました。朝から予定が詰まっていたので、いつもは朝のうちに行う新聞＋ネットチェックが、まだ終わっていませんでした。僕は毎日全国紙5紙＋ネットに目を通すので、それなりに時間がかかります。

他にやるべきことがなければ、その2時間で新聞＋ネットチェックをすればいい話ですが、一方、健康維持のために「フィットネスに行きたい」という気持ちもありました。しかも、残っている取材は時事問題に関わるものではなく、最新のニュースに目を通さなくても答えられるテーマと事前にわかっていました。

そこで僕は、迷わずホテルのフィットネスに行くことを選びました。

毎日のルーティーンを後回しにしてまで、フィットネスに行ったのは、新聞＋ネットチェックは大阪に帰る新幹線の車中でもできるけれど、今この夕方の2時間を逃すと、大阪に帰ってからでは今日はフィットネスに行けなくなるからです。

すぐ後に時事問題に関する取材が控えているわけでも、報道番組に出演するわけでもない。であれば、新聞＋ネットは「今、ホテル」でチェックする必要はない。「後で新幹線」の中でチェックすれば十分です。しかし東京での仕事を終えて大阪に到着する頃にはフィットネスジムは閉まっているので、フィットネスには「今しか」行けない。だから、「今すぐにできる」ルーティーンよりも「今しかできない」ことを優先させたわけです。

このように、**「今すぐにできること」よりも、「今しかできないこと」を選択する。こ**

れがマルチタスクを回していく、優先順位の原則です。

いつも物事に追われていて、自分の時間を確保できないという人の多くは、単に物事の優先順位をうまくつけることができていないからではないかと思います。

優先順位をうまくつけるには、「ルーティーンに縛られない」ということも重要です。

マルチタスクを回すことができない人は、「○○までにこれだけは絶対にやらなければならない」と勝手に決めて、その他のことが手につかなくなり、重要なことが後回しになる傾向が強いです。

まずは「○○までに、これだけはやる」という思い込みを捨てなければなりません。**毎日のルーティーンがあったとしても、それを「いつするべきか」については、その時々の状況に応じて柔軟に考えるべきです。**

どうしてもこれを終わらせなければ次に進めないという気持ちが沸き起こってきますが、そこは我慢です。最初のうちは何となく気持ち悪さを感じますが、ルーティーンの時間を後ろにずらすことを何度か経験すれば、すぐに慣れます。ルーティーンを漫然と処理するのではなく、「今しかできないこと」「今やるべきこと」を優先してください。

自己管理は「利回り元本」で考える

働く人は体が資本です。若いうちから健康には十二分に気をつけても、気をつけすぎるということはありません。

特に働き盛りの世代は、健康は大事とわかってはいるものの、その反面、「自分だけは大丈夫」という根拠のない自信を抱きがちです。健康がいかにありがたいものかは、一度、実際に身体を壊してみないとわからないものです。特に、組織に属さずフリーランスとして働いている人は、ひとたび健康が失われれば仕事を一気に失ってしまうリスクがある。痛い目を見る前に、意識改革をする必要があります。

そこで**持つべきは、自分の身体は「元本」（元手となるお金）である、という視点です。**

元本には利子収入が生じます。自分の身体はいわば元本であり、自分が得る収入を、身体という元本から得る利子収入と見てみるのです。「体が資本」というのは、まさに的確な表現です。

あなたの年収はどれくらいでしょうか。仮に400万円として、それがたとえば**今では少し利回りのいい1%／年の利子収入だと考えると、あなた自身は、利子収入の100倍、つまり4億円の元本に匹敵するのです。**つまりあなたの身体には、4億円の価値があるということです。

自分の身体は4億円の元本・商品である。そう考えてみると、どうでしょうか。4億円の商品を保管するにしても、運ぶにしても、それはそれは、慎重になるはずです。もちろん保険にも入るでしょう。あなたは自分の身体を、そんなふうに大切に扱っているでしょうか。それほどの価値のある身体に過度な飲酒をさせたり、ジャンクフードを食べさせたり、あるいはほとんど運動をさせなかったりといった、不健康な生活習慣は控えているでしょうか。

なぜ、ここまで皆さんに健康管理の重要性を説くのかというと、実は僕自身が、痛い目を見て学習したからです。

僕は政治家になる前、30代前半くらいまでは、急に高熱が出たり肺炎になったりと、よく体調を崩していました。そのために、テレビ出演に穴を開けてしまったこともあります。政治家になってからも、全身に蕁麻疹が出たり、全身が痛みで硬直してまったく動かなくなったりということもしょっちゅうありました。ハードワークすぎて身体が悲鳴を上げていたのでしょう。

今では、「自分の身体は元本である」「この身体で事務所を支えている」と肝に銘じて、元本・商品である自分の身体をこれまでよりは大切に扱うようになりました。

頻度は少ないですが、フィットネスで汗を流しますし、食事にも多少気を遣っています（お酒は大好きなのでなかなか控えるのが難しいですが）。年に一度は必ず人間ドックに入り、数値のチェックをしています。

若いうちは、とにかく量をこなす。本書でこのように述べてきましたが、若くて多少の無理は利くとはいえ、身体を壊すほどでは、さすがにやりすぎです。

僕も政治家を辞めた47歳以降になってから、先ほど述べたようにようやく健康管理の重要性を痛感したところです。この点において、皆さんに同じ轍《わだち》を踏んでほしくありません。**「若いうちから自分の身体は超高価な元本であるという認識を持って、仕事をがんばる中でも、しっかり健康に気をつけなさい」**と、僕の人生経験を基にアドバイスしたいと思います。

日本では、失敗しても死なない

本章では、主にチャンスをものにする重要性について話をしてきました。

現代社会においては、あらゆる仕事のあり方は劇的に変わりつつあります。その中で、**いかに「自分にしかできない」ことを見つけ、それを自分のウリとして磨き、唯一無二の存在になっていくか。**これからの時代を生きていく人たちにとっては、この点が人生を大きく左右することになるでしょう。すでにそうした危機感を抱いている人が、本書のような本を手に取るのだと思います。

他方、今は生き方が多様になり、自分の興味関心や意志に従ってどんどんチャレンジできる世の中であるという意味では、恵まれた時代ともいえます。

その時代的なアドバンテージを最大限に活かして、自分のウリを明確に定め、商品価値を高めるためのチャレンジをどんどんやっていくべきです。**日本には、チャレンジし**

て失敗し、どん底にまで落ちても、死なずに済むセーフティネットの制度が整っています。たとえ失敗しても、またやり直せる。

もし失敗したらと思うと二の足を踏んでしまうというのなら、一度、日本のセーフティネットの制度をきちんと調べてみるといいでしょう。

将来の不安は、単にセーフティネットの制度についてあまり知らないことに起因している場合も多いものです。制度について学べば、仮に仕事がなくなり、貯金がなくなってどん詰まりになったとしても、日本においては最低限度の生活ができることがわかります。

僕らが生きているこの現代の日本社会は、「失敗しても死なない社会」なのです。

もし失業したら、会社都合か自己都合かによって給付の開始時期や期間に若干の違いはありますが、失業保険金が給付されます。仮に重度のうつ病などにかかった場合にも、さまざまな公的なサポートを受けることができます。

もし失業保険が切れてからも仕事が見つからず、いよいよ食うのに困ったとしても、最後は生活保護を受ければ死ぬことはありません。

失敗したら、いったんこうした公的なセーフティネットを頼り、そこから起死回生を狙ったって何も遅くはありませんし、引け目に感じる必要もありません。

生活保護を受ければいいとは、ちょっと過激に聞こえたかもしれませんが、要するに「たとえどん底に落ちてもこの日本では死ぬことはないんだから、思いきっていろんなことにチャレンジしたほうがいい」という話です。

第4章

「情報マニア」になってはいけない

——その他大勢から抜け出す思考力

むやみに情報拡散してはいけない

インターネットが普及し、多くの情報が「手軽」に「タダ」で手に入るようになっている一方、玉石混淆《ぎょくせきこんこう》のネット情報の海から有益な情報を集めるのは難しいものです。そもそもインターネット上にこれだけ情報があふれ返っている現代は、明らかなフェイクニュース以外は、「これは正しい」「これは間違っている」などと情報を逐一選別できる、また選別しようと考えること自体、無謀であるといわねばなりません。

インテリを自認する人たちが、情報リテラシー、ネットリテラシーという言葉をよく持ち出します。「間違った情報に踊らされるな、正しい情報を選び抜け」と。

最低限の事実確認くらいはすべきでしょうが、それでも完璧に情報の選別をすることは困難で、僕が見る限り、そんな選別が完璧にできるインテリなどは、ほとんどいないと感じています。たいした能力も持っていない人に限って、偉そうに「リテラシーを持て！」などと言っていますね（笑）。

あふれ返る情報の中から、正しい情報を完璧に選び抜くということに神経質になることよりも、間違った情報にも踊らされる可能性があることを認識しながら、情報の中に積極的に飛び込んでいったほうがいいと思います。過度な恐れは、チャレンジを阻むのです。

ただし、間違った情報に踊らされ、他人を傷つけたり、そのことで賠償請求を受けたりするリスクは絶対に回避しなければなりません。では、どうすればいいのか。簡単です。むやみに情報拡散をしない、それだけです。

もちろん意見を言うことは表現の自由として大切です。ネットの中にあふれている情報を「引用して」持論を展開することには意義があるといえます。Twitter などのSNSは、その点で便利なツールだと思います。

問題は、自分の意見を言うためではなく、面白そうな情報をそのまま世間に広めようという目的で、単純に拡散すること。「Twitter でいえば、いわゆる「コメントなしのリツイート」は絶対に止めるべきです。

法律上も、「コメントなしのリツイート」（単純リツイート）だと名誉《めいよ》棄損《きそん》などに問われやすくなっています。**安易に単純リツイートしたことが、ブーメランのように自分に跳ね返ってくる可能性もあるのです。**

完璧に正しい情報を選別することは困難なので、そのことを踏まえて、あえて積極的に情報の海に飛び込んでみる。

そこでは、他人を傷つけないように、単純リツイートだけは絶対に避ける。これを最低限のマナーとして頭に入れておいて、あとは物怖じせず、積極的に情報の海に飛び込んでみたらいいと思います。

知識のインプットより、持論のアウトプット

そのような最低限の注意をした上で、**これからの情報化時代に求められる能力は、「知識・情報を持っている」ということよりも、その知識や情報を活用して「自分の頭で考え持論を打ち出せる」こと**であると自覚すべきです。知識や情報をインプットすることよりも、それを用いて持論を打ち出すアウトプットのほうが重要だということです。

ここでいう持論のアウトプットとは、ある情報について、自分はどう考えるのか、ということです。どんな情報に触れても、それに対して必ず自分の考えを述べることのできる力ともいえるでしょうか。次々と入ってくる**情報の真偽はどうあれ、それに対して「自分はこう考える」といえることです。**

インプットした情報をそのままアウトプットすることとは違います。インプットした

情報に、自分の考えを付け加えてアウトプットするのです。TwitterなどSNSを使うのならば、先ほど述べた「単純リツイート」ではなく、コメントを付け加えた「引用リツイート」をすることが、持論のアウトプットというものです。

持論をアウトプットできるようになるには、大量の知識や情報のインプットが必要です。

ただ、ここで僕がいいたいのは、知識や情報のインプットは重要だけれども、それはあくまでも持論を固めてアウトプットするための手段であって、**インプット自体が目的になってはいけない**ということです。知識や情報をただ漫然とインプットしただけでは、ネットの情報量に敵うわけがありません。

大きく変わるのは、インプットした知識・情報を基に、自分の見解を加え、持論としてアウトプットしたときです。ここにあなた自身の独自性が加わっていけば、単なる情報源のネットとは決定的に異なる付加価値になるのです。

今、知識・情報を山ほど持っている人たちがネットの世界などで活躍しています。その人たちは、必ず持論を展開し、それを自分の商品価値としています。

自分の中に「持論工場」を持て

知識や情報をインプットして、それを基に持論を構築する。ある程度持論構築の訓練を積むと、だんだんとできるようになっていきます。

これは、**原材料を放り込むだけで最大の付加価値のある先端製品を作ってしまう、「工場」を自分の中に持つようなものです。**

この「持論工場」はどのようにすれば持てるようになるのか。それには、訓練あるのみです。工場を作るのに、一定の労力がかかるのと同じです。何もしないで、最新の工場を得ることはできません。

目に見える実際の工場であれば、親から相続することも可能でしょうが、「持論工場」はそうではない。自分の努力あるのみです。

そんな「持論工場」ができたら、しめたもの。そうなれば、あとは原材料、つまり知識や情報をインプットするだけで、付加価値として自信を持って、アウトプットできる持論が作られます。

しかし**工場もないのに、またそこまでの最新の工場でもないのに、原材料の知識・情報をどんどんインプットしても、持論を効率よくアウトプットすることはできません。**

知識・情報マニアに陥っている人はこのタイプです。

かつての政治記者や政治評論家は、政治家から聞いた秘密話や、政界の噂話をそのまま伝えることで仕事になりました。しかし、これからの時代は、そのような知識・情報に自分の持論を加えることができないと仕事にならないでしょう。

そんな使い物にならない知識・情報マニアにならないためにも、訓練を積んで、自分の中に持論工場を作ったほうがいい。といっても「どう訓練したら、工場ができるの?」そう思った人もきっと多いと思います。そこで僕のやり方を紹介しましょう。ぜひ試してみてください。

僕は、**新聞やネットなどで知識・情報をインプットしながら、必ずそこに自分の意見を脳内で添える習慣をもう20年以上、毎日続けています。**持論をアウトプットする僕の工場は、最新とまではいえないでしょう。でも、それなりの働きをするものにはなっていると自負しています。今はインプットすれば一定の持論を展開できるようになりました。それでも自分の工場をレベルアップすることを意識し、インプットした知識・情報に自分の意見を添えることをいまだに毎日続けています。

「新聞なら毎日読んでる。報道番組も毎日見ている。世の中のことはだいたい知っている。何を聞かれても答えられる」だけではダメです。たとえば、「衆議院の定数は?」「衆議院の選挙制度は?」と聞かれて答えることができても、それはネットで検索するのと変わりません。現在の日本の政治状況を踏まえて、「日本の選挙制度はどうあるべきか?」という問いに、自分の持論を展開できるようにならなければならないのです。

そうなるためには、新聞・ネット記事の「読み方」にもコツがあります。

まず、**新聞を隅から隅まで読もうとしたり、ニュースサイトや雑誌サイトを隅から隅まで読もうとしたりするということは、最初は止めたほうがいいでしょう。**

知識・情報を貯め込むうちに、新聞などは自然にスラスラ読めるようになるのですが、知識・情報が足りていない状態で、全部読むとなると、時間がかかって仕方がありません。そこで**全部に目を通そうと無理をすると、いつのまにか「とにかく全部読むこと」だけが目的となり、他にやらなければならないことに時間を割けなくなる**という、本末転倒に陥ってしまいます。

だから、最初のうちは読むべきテーマを自分なりに絞っておくこと。これは、自分の興味関心に従ってかまいません。

そして、**記事を読んで「そうなんだ」で済まさず、「そうなんだ。では自分はどう考えるか」と常に自分の意見を添えることを習慣にしてください。**

すると「この部分がわからないと、自分の意見が言えない」という箇所が出てくるでしょう。そこを調べてまた自分の意見を考える。そこでまた知識・情報の不足の壁にぶち当たって、さらに調べて考える。これが持論を構築していくプロセスです。

この作業を繰り返していくことによって、知識・情報量がどんどん増えることはもちろん、それと同時に、知識・情報を基に持論を構築する工場のレベルが上がり、必然的にアウトプットの質も上がっていきます。

いかがでしょうか。新たな知識・情報をインプットしてはいますが、情報マニア的な闇雲なインプットとは違うことが見て取れるでしょう。**あくまでも持論の構築のためにインプットする。そういう目的意識があると、知識・情報マニアに陥らずに済みます。**

日々の積み重ねが、思考力を高める

重要なのは持論工場のレベルは徐々に上がってくるものだと理解しておくことです。僕も、新聞・ニュース読みを約20年以上続けて、今があります。

いくつか直近の例を挙げましょう。

たとえば、２０１９年10月に東日本を襲った台風19号。多くの河川が氾濫して、甚大な水害が発生しました。その直後から報道が盛んになり、コメンテーターや識者が色々な見解を述べました。

僕は、あるテレビ番組に出演した際、この河川の氾濫に関して、自分の知事・市長時代の経験や、そのときに勉強したことを基に「治水行政は厳しい判断をすることがある。下流の都市部を守るために上流を氾濫させるという考えもある」という持論を展開しました。

この持論については、かなりの反響がありました。「そんなこと知らなかった」というものから「そんなことはありえない！」というものまで、賛否両論、喧々囂々《けんけんごうごう》、侃々《かんかん》諤々《がくがく》の意見がネット上で巻き起こったのです。

これは、僕の持論工場が生み出した持論のアウトプットです。

それに対していろんな意見が寄せられること自体がありがたいし、そのことが僕の商品価値にもなっているわけです。

これはこれまで積み上げた膨大な知識・情報のインプットと、それに自分の意見を寄せるということを繰り返して作り上げた僕の工場だから生み出せたものです。

この持論を展開する際、僕は琵琶湖の瀬田川洗堰《せたがわあらいぜき》の操作規則というものを勉強しました。琵琶湖の水害と下流の水害を調整するのが瀬田川洗堰の操作であり、その操作規則が作られるまでには、歴史的な経緯があります。

規則を読み込むと、最後の最後のところでは、下流の都市部を守るために、上流部をある程度犠牲にすることはやむを得ないという思想が見えてきます。

僕はこの規則をしっかりと勉強した上で、さらに持論に磨きをかけたのです。

このように、僕も自分の工場をレベルアップするために日々、努力しているところです。

また、2019年11月のある新聞に、市町村合併をした町村の一部では役場がなくなり、人口減少している。他方、合併をしなかった町村は人口減少していないという記事がありました。この記事は一見したところ、市町村合併は失敗であったかのように感じてしまうかもしれません。

しかし僕の持論工場は、そうは結論づけなかった。僕は、「市町村合併をすれば、拠点となる地域に役場が残り、その地域に人口が集約され、他の地域の人口が減るのは当然で、それこそがまさにコンパクトシティだ」という持論を持ちました。

市町村合併の効果検証には、合併して人口が増えた地域の人口増減と住民サービスの充実度（学校や病院、公共交通機関の状況）と、合併をしなかった市町村のそれを比較する必要があります。

ある地域の人口が多くなれば、必要な施設が集まってくる。それが市町村合併の目的の一つです。合併すれば、人口が集まる地域と、過疎化する地域に分かれるのは当然です。そもそも人口減少社会において、地方部の人口がまんべんなく増加するわけがありません。一部地域の過疎化が当然含まれますから、当然です。その過疎化の部分だけを取り上げて合併を否定的に論じるのはおかしいのです。

このような持論を展開できるのも、僕が自分の中に作り上げた持論工場のおかげなのです。

まず皆さんに試してもらいたいのは、**興味のあるタイトル、自分が少しは意見を言えそうなタイトルの記事をしっかり読む**こと。そこからのスタートで十分です。

記事を読む際、くれぐれも単に読んで知識・情報だけ頭に入れて、ハイ終わり、ということにはしないでください。その記事について、必ず自分の意見を添える。そこで何かを調べなければならない壁にぶつかれば最高です。調べることで、あなたの工場のレベルがほんの少し上がります。これを繰り返しましょう。

とはいえ、1日24時間のうち、この作業を延々とやるわけにもいきません。ですから

1日のうち、30分とか、1時間とか、持論工場のレベルアップにあてる時間を決めましょう。移動中の時間、トイレに入っている時間も使いましょう。今新聞は、スマホやタブレット端末で読める時代ですので、ちょっと空いている時間を有効活用できる環境が整ってきました。

この作業を繰り返して、知識・情報の量が増えてくると、読んで意見を添えることのできる記事が一つ二つと増えてきます。最初は実感できないかもしれませんが、半年も続ければ明らかに以前の自分とは違うと感じられるはずです。

1年も経てば、2紙くらいの新聞について、隅から隅まで目を通し、だいたいの記事について意見を添えることができるようになっているでしょう。この頃には確実にあなたの工場のレベルが上がっています。

考える力のレベルを把握する方法

今は便利になったもので、自分の持論工場のレベルを可視化してくれるツールもあります。**Twitterをはじめとした SNS の「いいね！」や「リツイート」、フォロワーの数が持論工場のレベルを物語るといっていいでしょう。**

たとえば、気になったニュース、自分が意見を添えることができそうなニュースについて、自分のコメントを付けた引用リツイートをする。それにどのような反響があるか、フォロワーがどの程度増えるか。こういったことから、自分の持論工場を客観的に評価できるのです。

もし、ほとんど反応がなかったら、それは、まだまだ持論工場のレベルが低いということです。より大きな反響を呼んだり、フォロワーが増えたりしたら、持論工場のレベルが上がったということです。他人がまだ気づいていないこと、言っていないことで、多くの人に突き刺さるような持論をツイートできたと見ていいでしょう。

こんなふうに自分の持論工場のレベルが上がってくると、いわゆるインテリたちが書いている論説や、意見記事が実にくだらないように感じられてきます。彼らの記事は、事実関係や経緯の説明が多く、持論はほんのわずかです。課題についても、問題点を指摘するのみで、具体的な解決策の提案はほとんどありません。

ネットで検索すればすぐに出てくる知識や情報をさんざん披露した後に、締めくくりが「色々な問題点を含んでいる」「この問題についてはよく考えなくてはいけない」などで終わっている場合がほとんどです。「だから、どうせぇっちゅうねん！」と思わず突っ込みたくなります。

これは、裏を返せば、自分の中に持論工場を持った時点で、そんじょそこらのインテリたちよりも、自分の付加価値商品のほうが上になるということです。そうなると、持論や解決策をしっかりと展開できているインテリたちの記事に興味・関心を持つようにもなるでしょう。つまり、記事の選別ができるようになってくるわけです。

持論工場を持つというのは、いってみれば、自分の思考のコア、揺るぎない考え方の芯や軸、支柱を自分の中に作り上げていくことです。それができあがると、どんな話題や問題、課題を振られてもブレずに自分なりの考えを述べられるようになるのです。

僕自身も、今でこそ何を聞かれても持論を展開できる自信がありますが、それは長年の積み重ねによって可能になってきたことです。若い頃は、まったくそうではありませんでした。

20代の司法試験受験のときに、知識や情報の詰め込みよりも、持論の展開の重要性を知ってから今まで、ずっと知識や情報に触れては自分の意見を添える、持論を構築する。これを繰り返してきました。20代の頃に読んだ本を今開くと、当時のメモが入っていて「こんなつたない意見を添えていたのか」と我ながら恥ずかしく思うこともあります。

66ページで、量をこなすことでウリが磨かれ、仕事の質が上がり、自分の商品価値が高まると話しましたが、それはまさに、持論工場を持つことにおいてもあてはまるのです。

繰り返しますが、闇雲なインプットではダメなのです。**持論をアウトプットする目的を持って、のインプットです。**そしてあなたの工場がレベルアップするにつれて、知識・情報を入れれば入れるほど、工場ができあがり、レベルアップし、より質の高い持論をアウトプットできる状態になっていきます。

これは言うは易し行うは難しです。

最初は苦しい、しんどい。途中で止めてしまいたくなるでしょう。でもそこが踏ん張りどころで、**日々の積み重ねができるかどうかが、持論が付加価値になっていく人と、いつまで経っても、誰もが言いそうなことを言う人の分かれ道です。**

「知っているだけ」では価値がない

インターネットで簡単に知識・情報が手に入る時代において、物事を「知っていること」それ自体にはあまり価値がありません。

かつて法律家は、いかにたくさんの裁判例を頭の中に入れているか、裁判例を独自のノウハウでいかに整理しているかが評価の軸になっていました。裁判例のファイルに独自の目次を作っている人も非常に多かったです。

しかし、今、裁判例はクラウドを利用した検索システムが市販されています。かつては年に2回、CD-ROMで最新版が配布されて、その間は雑誌ベースで新判例を追っかけていましたが、今は、ネットの中で自動更新です。検索機能も非常に優れており、自分独自の目次を作る必要もなくなりました。ある程度の裁判例を頭に入れておくことは当然ですが、かつてのように、いかに細かな裁判例までを頭に入れておくかが競われる時代ではなくなりました。その分、他に労力を費やすことができます。ありがたいことです。

知識・情報をインプットするよりも、持論のアウトプットのほうが大事だということは、約25年前、僕が20代の頃、司法試験を受験していたときに気づいたことです。

司法試験は、法律や法律理論、そして裁判例をいかに知っていても合格できません。当時、司法試験に合格するには5年以上の勉強が必要だといわれており、10年、15年、合格できずにずっと勉強し続けているいわゆる司法浪人もゴロゴロいました。その一方で、2年、3年で受かってしまう人もいます。両者の違いが一体何なのか、わかりますか。

判例、学説、法理論の知識・情報を、何年にもわたってインプットしている受験生は、その判例、学説、法理論についてそのまま聞けば、ほとんどのものを答えられます。知っているかどうかを問う質問には強いのです。しかし、それら判例、学説、法理論を用いて持論を展開することが非常に苦手です。**司法試験とは、結局は、判例、学説、法理論という道具を使って、持論を構築する試験であり、その持論が法理論として整合性が取れていれば合格となる試験です。**単なる知識・情報の量を問う試験ではありません。持論を構築できるかどうかなのです。

ここに気づいて、持論を構築することに力を入れる受験生は早く受かっていきます。持論を構築するのに必要なインプットにとどめ、無限にインプットを増やしていくことをしません。もちろん、最低限の知識・情報は持っていなければなりません。当時の司法試験は択一試験と論文試験に分かれていますが、「知っていること」で受かるのは択一試験までです。

天王山である論文試験は、インプットしている知識・情報を使って持論を構築する力が問われます。闇雲にインプットの量を増やしている受験生は10年、15年と受験勉強を続けていくことになります。

法律の世界には必ず「論点」、「争点」というものがあります。法律をそのまま適用すると生じる不都合な問題点や、法律には明確に書かれておらず、どのように対処したらいいのか不明な点ということです。このような論点・争点が膨大にあり、それぞれに学説や裁判例が無数にあります。それら学説や裁判例をすべて覚えても無意味なのです。

まず問題文から論点を抽出します。はじめからこれが論点だ、と示されているわけではありません。その論点について「自分としてはこう考える」ということを、学説、裁判例を使って構築しなければなりません。論点と論点も、うまく組み合わせて、持論を展開していくのです。

それがたとえ、最高裁判所の判例の考え方と異なっていたとしても、持論を論理的に展開できれば合格します。

つまり、**どれくらい判例を知っているか、学説を知っているかという知識・情報量ではなく、それを基に自分なりの考えを構築できるか、**論理的に説得力を持って展開できるかという力が試されるのです。僕も、この点に気づいてから、持論を構築するためのインプットに徹し、インプットしては持論をアウトプットするということを繰り返しながら、2回目の受験で合格することができました。

その後の人生で僕は、タレント、さらに政治家になっていきますが、**すべての道のりにおいて強みになったのも、やはり持論のアウトプットです。**

ラジオで少年犯罪について持論を展開しなければ、タレントとしての道は開けなかったでしょうし、大阪府政・大阪市政の舵取りをするにあたっても持論を展開したことで、自分の個性というものを強烈に打ち出せたと思います。

できることなら、持論は「自分のオリジナル」であれば最高です。そう簡単ではありませんが、量をこなす中でオリジナルの持論が生まれる確率も上がります。

他者とは、むしろぶつかり合うもの

持論とは、たとえ人から間違っていると言われようとも「それでも自分はこう考える」と言い切れるものです。

もちろん、色々な知識や情報に触れるにしたがって持論を自ら調整、改善、変更することもありますが、基本は「自分が納得している論」です。

世の中に情報があふれ返っている今の状況では、情報の真偽が気になってしまうという人もいるでしょう。明らかにソースの怪しい情報は論外として、誤解を恐れずにいえば、**情報の「真偽」はそれほど気にする必要はありません。というよりも、気にしていては情報の波に怖じ気づいてしまいます。**

ネットにあふれている情報のすべてについて裏付けを取ることは不可能ですし、どんなに偉そうに言っているインテリたちも、完璧に正しい情報だけを選別できているわけでもありません。他人を傷つけることだけは避けなければなりませんから、闇雲に拡散することはやめる。**あくまでもネットに氾濫している知識・情報は、持論を展開するための引用にとどめるべきです。**

また、情報の発信者の権威を気にする必要もありません。自分の持論工場のレベルが上がる前は、たとえば発信者が有名大学の教授だと、その人の言っていることはすべて正しいと思い込んでしまいますが、教授たちが述べることの多くは、ネットですぐに検索できる情報に持論を加えているだけです。

情報の部分は、あなたでもすぐに検索できるところであり、あまり価値はありません。重要なのは、それに続く持論です。**持論は、何が正しくて、何が間違っているというものではなく、まさにその人自身の考え方といえます。**

だから、たとえ肩書が立派な人の持論が自身の持論に合わないからといって、気にする必要はまったくない。「こういう考え方をする人もいるんだな」と、いなせばいいだけです。

さらに、自分の工場のレベルが上がってくると、教授の肩書がついている人の持論も「たいしたことないな」と感じるようになってくるでしょう。ただし、**いくら持論が重要だといっても、知識や情報の裏付けがまったくなければ、それは持論ではなく単なる妄言にすぎません。**ですから知識・情報のインプットと持論のアウトプットはワンセットになっていなければならず、ここは皆さんの努力が必要なところです。

自分の意見を持てば、ゆらがない

何かにチャレンジしようというとき、何かを実行しようとするときに周囲から反発を食らうことは多いものです。そのチャレンジが大きなものであればあるほど、これまでの旧態依然としたやり方を改めようとすればするほど「やめておけ」という周囲の声も大きくなるでしょう。

2019年の秋、福島原発の汚染処理水について、松井大阪市長と吉村大阪府知事は「科学的に環境被害がないことを国が確認した後は、海に放出するしかない。福島沖だけでなく場合によっては、大阪で放出してもらってもいい」という旨の見解を述べたことが賛否両論の的になりました。全国どこにおいても、福島原発の汚染処理水は放射性物質を含む極めて危ないものだと認識されています。

ですから、福島の漁業関係者だけでなく、大阪の漁業関係者からも猛烈な批判が沸き起こりました。

しかし、原発の汚染処理水は毎日150トンという猛烈な勢いで、原発敷地内のタンクに貯められていっています。現在、タンク内の量は100万トンを超えています。このまま永遠に、タンクで貯蔵することは不可能であり、どこかのタイミングで海に放出するしかありません。

持論をアウトプットする工場のレベルが低ければ、福島の汚染処理水という情報をインプットすれば、「危ない！」「海への放出は絶対禁止！」という見解がアウトプットされるでしょう。

しかし**工場のレベルが上がれば、汚染処理水の安全性が確認された場合には何ら問題ないという持論が導き出され、しかも「世界の原発ではどうなっているのだろう？」と問いが湧き、その点を調べることになるでしょう。**そうすると、現在、福島原発の汚染処理水は安全基準を満たすものになっており、安全基準を満たしていないものは、さらに処理をして安全基準を満たすことが可能であることがわかります。そして世界の原発も、汚染水はきちんと処理をした上で海に放出していることがわかります。

ここまで来ると、「科学的に安全が確認できた汚染処理水は海に流しても大丈夫」という揺るぎない持論がアウトプットされます。

こうなれば、たとえ全国的に、「汚染処理水は危ない！」という声が強くても、持論が揺らぐことはありません。松井さん、吉村さんはその域に達しているのです。

持論をアウトプットする自分の工場のレベルが上がり、**揺るぎない持論がアウトプットできるようになれば、どれだけ権威のある人から批判を受けようとも、日本中から批判を受けようとも、持論を展開し、自分の道を突き進むことができるのです。**

第5章

合理的に人と付き合え

――どんな相手にも負けない駆け引き、交渉力

目の前の人間関係は永遠ではない

人が集まれば軋轢《あつれき》が起こるというのは世の常であり、皆さんもさかのぼれば小学生の頃から人間関係の悩みはつきものだったでしょう。

「長期休暇明けは子どもの自殺が増える」ともいわれており、悲しいニュースを耳にするたびに「君たちにとっては学校という小さな世界が人生のすべてなんだろうけど、本当は、世界はもっともっと広いんだよ」と教えてあげたかったと、胸が痛くなります。

小学生にとっては学校のクラスの友達関係がすべてかもしれませんが、社会人になった今の僕らは「小学校時代における目の前の人間関係」だけが自分の世界ではないことを知っています。

小学校や中学校の同級生の多くと、社会人になってからも親しく付き合っているという人はそうたくさんはいないでしょう。僕は、高校時代のラグビー部の仲間とは今も親しくしていますが、小学校時代の友人で今も親しく付き合っている人となると皆無。中学校時代でいえば、２人しかいません。大学時代の友人でも数人です。まあ、僕は学生時代の友人が少ない部類ですが、友人が多い人でも１００人単位で今も付き合っているということはほとんどないでしょう。

そして社会人になってからも、年を経るごとに、新しい出会いがあります。

かってあれほど自分の生活の中心を占めていた「学校」という世界において、未来永劫《えいごう》の友人だと思っていた相手でも、意外と簡単に縁は切れてしまうものなのです。

それを寂しいと思う人もいるかもしれませんが、反面、気楽ともいえるのではないでしょうか。人間関係はときとともに移り変わるものなのだから、**たとえ今、人間関係に苦労していても、それも変わるものであり、悩むに足らないこと**だといえるからです。

人間関係に思い悩むと、大人でも精神的に追い詰められます。職場の人間関係の悩みが深くなってしまうのは、その人とずっと付き合わなくてはいけないという思い込みがあるからでしょう。

でも、**職場の人間関係がすべてではないし、その人間関係ですら今後、永遠に固定されるものでもない。**今の人間関係が辛くてどうしても我慢できないのなら、転職を考えることも大いにありだと僕は思います。

特に現代では、定年まで1社で勤め上げることが一般的ではなくなりつつあります。会社員という属性を持たずにフリーランスで働く人も増えるなど、生き方も働き方もどんどん多様化しており、転職や独立のハードルも、ひと昔前では考えられなかったほど低くなっています。

だから目の前の人間関係に思い悩む必要はなく、我慢できなければ職場を変えればいいのです。

そうはいっても転職市場は厳しいし、せっかく入った会社を簡単には辞められないと思ってしまう人には、目の前の人間関係を「割り切る」心もちをすすめます。

先ほども述べたように、人間関係はときとともに必ず移り変わるものです。それはネガティブな意味ではなく、**「人は、必ず新しい人と出会うようにできている」**ということ。だから、今あなたの目の前に存在する嫌な相手だって、ただ現時点においてあなたの目の前にいるだけであって、いずれ関係なくなっていく人なんだと割り切ってみてください。

目の前の人間関係にとらわれず、懸命に自分の仕事に取り組めば、必ず自分の商品価値が高まってくるはずです。そのような実力者を、あえて嫌な気持ちにさせるような人は、社会においてほとんどいません。実力ある人には、おべんちゃらを使う人がほとんどです。

ある意味、**人間関係に思い悩んでしまうというのは、自分の商品価値がそれほど高まっていないということでもあるのです。**

そして社会人としての仕事は、あくまでも「結果」が重んじられます。結果を出せるようになればあなたの商品価値が高まり、あなたを煩わせる人間関係などは雲散霧消《うんさんむしょう》していきます。そういう意味では、結果は重視されず、よくわからない感情的なものだけに左右される学校の人間関係よりも、会社における人間関係のほうが、よほどシンプルで対処しやすいといえるでしょう。

集団内の「権力者」を見極めよ

組織の中で、なるべくストレスなく仕事をするには「うまく立ち回る知恵」というものも必要です。会社の人間関係で悩むのは、誰とでもうまくやろう、誰からも好かれようとして気を遣いすぎていることが、大きな原因の一つでしょう。しかし、そこは自分の商品価値を高めるために、うまく利用してやるという強気の心もちも必要です。

会社はいうまでもなく同好会や趣味の会ではなく、仕事をするところです。そして仕事をするところでは、結果を出すかどうかが最も重要です。

同じチームに属する者同士、親睦を深めることで安心感を得られる一面もあるのでしょうが、それは副次的なものです。

あくまでも仕事の結果を出すために、会社内の人間関係をうまく活用していかなければなりません。

その一例として、**組織において誰が強くて、誰が弱いのかという力関係を見極めることも非常に重要です。**「相手の強い、弱いを見て、態度や振る舞いを変えることは卑怯《ひきょう》だ」と眉をひそめる人が多いかもしれません。しかし、きれいごとを言って人間関係に思い悩むよりも、あくまでも仕事上の人間関係だと割り切って、自分の商品価値を高めるための人間関係だけに集中するんだと決めたほうが、気は楽です。

自分の商品価値を高めることにつながらないのなら、思い悩むことなく、そんな人間関係はズバズバ切っていけばいいし、場合によっては職場を変えればいい。逆に自分の商品価値を高めることにつながると、たしかに感じるのであれば、多少嫌な思いをすることがあっても乗り切れるでしょう。

組織内で「強い人」とはどういう人でしょうか。これは決して役職が高い人とは限りません。

組織内には必ず、役職とは別に影響力の強い「実力者」がいるものです。

役職を一つの判断基準にすることがあるにせよ、**役職には関係なくそうした微妙な人間関係の力学を観察することも重要です。**

強い人は、やはり味方につけるべきです。たとえば企画を通したいときには、その人に先に意見を聞いておく、あるいはトラブルが起こったときに、その人に真っ先に相談するなど、仕事がうまく回るよう立ち回ることは、ビジネスパーソンとしての知恵の一つです。その人と自分が近しいということが周囲に伝わるだけで、あなた自身が一目置かれるようになるということも、大いにありえます。

このようなことを否定的に捉える人も多いでしょうが、**組織内の微妙な力関係を観察しながら立ち回ることは、組織内において自分の能力をより大きく開花させるための一処世術**であって、まったく恥ずべきことではありません。

これは組織内の仕事にとどまらず、取引先と仕事をする上でも役に立ちます。取引先の組織内においてどんな力関係が働いているのかをしっかりと観察するのです。そうすれば「この人さえ説得できれば話が通りやすい」というキーパーソンが見つかり、取引をより円滑に進めることができるでしょう。

組織の「見えない掟」を見抜け

もしあなたが、組織の中で自分だけが浮いていて、「職場になじめない」と不安に感じているのなら、それは組織内の不文律、つまり「見えない掟《おきて》」に気づいていないからかもしれません。

どんな組織にも、表からは見えないルールや秩序や慣習、つまり「見えない掟」のようなものがあります。**一つの組織に属するというのは、言い換えれば、その組織特有の掟を守るということです。**「掟」なんていうと大層なことのように感じるでしょうが、たいていは、取るに足らないような些細《ささい》なものも多いです。でも、**その些細な掟に気づくことができるかどうかが、その組織内でうまく立ち回れるかどうかを左右するのです。**

それができない人は、周囲から「なんだ、こいつは？」という目を向けられてしまう。多くの場合、これが「自分だけ浮いている感じ」の正体です。

だから、**まずは周囲を観察して、「この組織の見えない掟は何だろう」と考えてみる。**周囲の行動と自分の行動を照らし合わせて、「自分は周囲とどこが違うのだろうか」「どんな組織の掟を守っていないのだろうか」と考えてみる。

僕は、「組織の見えない掟には必ず従え」と言うつもりはありません。知った上でどう振る舞うかは、あなた自身が決めればいいのです。

その掟を忠実に守れば、もう「自分だけ浮いている感じ」はなくなり、組織内でうまく立ち回ることができるようになります。

一方、見えない掟をわかった上で、あえて「従わない」というのもまた、一つの選択です。

中途半端な「出る杭」は打たれますが、突き抜けた「出る杭」は打たれるというよりも、周囲を跳ね除《の》けます。実際、見えない掟などをすべてぶっ飛ばして我が道を行っている人が、むしろ業績トップを独走していたり、次々とヒット商品を生み出していたりするというのは、よくあることです。

「見えない掟に気づかないまま組織内で浮くこと」と、「見えない掟をわかった上で、主体的な意志を持って従わないこと」は、似ているようでまったくの別物です。

ただし、実力が備わっていない段階で、見えない掟に抵抗しようとしても、力不足によって、結局組織内で浮いてしまいます。見えない掟をぶっ飛ばすにしても、力が必要なのです。

自分の実力を見極めて、組織内の見えない掟に従うのか、それをぶっ飛ばすのか、的確に判断してください。

会議は「獲得目標」を明確化せよ

組織においては、会議に取られる時間が多いと思います。役職がそれなりに高くなれば会議の数も多く、それに費やす時間も長くなります。

世間では「議題のない会議」「結論が出ない会議」「闇雲に長い会議」「集まるだけの会議」、まとめていえば「無駄な会議」が非常に多いと聞きます。無駄な会議ほど意味のないものはありません。逆にいい会議であれば、自分の商品価値を高めることにつながります。

僕が大阪府知事・大阪市長を務めていたときは、会議への参加を求められたら、必ずその会議の獲得目標は何かを確認していました。その会議で何を決めるのか、その会議はどのような目的で開かれるのか、僕の判断事項は何なのか、という点をまず明確にしてもらいました。場合によっては、何かを決める会議ではなく、単なる情報共有、報告会の意味合いの会議の場合もありました。

このように会議の獲得目標を明確にしなければ、ダラダラとよくわからないコメントを出し合う会議になったり、結論が出ない会議になったりします。また、そもそも僕が参加する必要のない会議に参加してしまったりする場合もあります。これは本当に時間の無駄です。

皆さんが働いている組織ではどうでしょうか。もし心当たりがあるなら、**自身が参加する会議の「獲得目標」を必ず確認するようにしてください。**あなたが会議の主宰者であれば、あなた自身が獲得目標を明確化する必要がありますが、主宰者でなければ、主宰者にしっかりと問い合わせるところから始めましょう。

評価は「基準の見える化」が鉄則

20代で社会人生活をスタートし、仕事を覚え、上達し、そうして迎える30代、40代は、最もビジネスパーソンとして脂が乗る時期です。僕自身を振り返ってみても、30代半ば~40代半ばくらいまでは、特にエネルギッシュに働いていて、「どんな困難でも乗り越えてやる」という情熱がみなぎっていました。

大阪維新の会も、現在40代の若手が中心的立場となっており、50代以上のベテラン層は若手のサポート役に回ることで、活気のある組織運営が実現しているようです。世界各国に目を向けてみても、40代で指導者や幹部に就く人が増えてきています。

今や年功序列の制度の下で、年齢を重ねれば高位のポストに自然に就けるという時代ではなく、実力ある者が高位のポストに就く時代です。

現に30代で管理職に就任し、年上の部下を持つという話も、珍しいことではありません。僕も38歳で大阪府知事に就いたときには、部下である幹部職員は皆、年上の人ばかりでした。

このように若いうちにリーダーや管理職層に就任した場合に、業種を問わず共通する悩みは、やはり人をどう動かしたらいいかということでしょう。人を管理する立場になって初めて経験するマネジメントの難しさというものです。

まず、すぐに実行できるものとしては、**役職にかかわらず、年上の人にはきちんと「さん」づけで呼び、丁寧語で話すことです。**

また、年下の部下には、兄貴分的に接することのほうが人間関係を円滑にすることもあるかもしれませんが、これからの時代は注意が必要です。そのような関係を好まない若者も増えています。

あなたを基準に考えてみてください。**年上だからといって、兄貴分的に振る舞われることにどう感じるでしょうか。もしあなた自身が嫌なら、同じことは年下の部下にもし**

ないことです。

さらにあなたの役職がどんどん上がり、最高幹部に近くなればなるほど、年下の部下には丁寧に接するべきです。役職が上がれば、それにつれて権力も強く、大きくなります。力の強い者の態度・振る舞いは、自身が気づかない中で、力の弱い者に多大な影響を与えてしまうものです。パワハラが非常に厳しく問われる現代社会にあっては、役職が上がるにつれて、部下に対して丁寧に接する必要性が高まります。

また最高幹部などの権力を持った人が、**部下に対してあえて丁寧に接するという態度・振る舞いは、思った以上に、部下からの好印象につながるでしょう。**

僕が知事・市長のときには、年上の部下にはもちろん、年下の部下に対しても、「さんづけ」で呼び、丁寧語で話していました。もちろん、組織内においては「橋下さんはとっつきにくい」などと、人間関係に少し壁があるという印象を持たれていたことも事実です。この辺はバランスですね。

そして、人を動かすことにおいて、最も悩みが深いのは、部下の評価の仕方だと思います。これには**「目標の段階分け」**による**「評価の見える化」**という手法が有効です。

「今のあなたはAという目標段階にいるが、次はBという目標段階、その次はCという目標段階」……というように、どのように仕事をレベルアップしていくべきなのか、その道筋を明確に示しながら、今の段階での評価をします。部下は目の前の仕事だけを評価されても、その先にどのようなレベルを目指すべきなのかが見えなければ、納得できないし、これから何を目指すべきなのかも明確に定まりません。

目の前の仕事を評価するだけでは不十分で、常に俯瞰《ふかん》的に見たときにどう位置づけられるかを評価すること、その位置づけが部下にもわかる形にしておくことが重要です。

これが「評価基準の見える化」というものです。

もしかしたら、自分の仕事に自信たっぷりな部下もいるかもしれませんが、明確に目標を段階分けし、その部下が、今どの段階にいるのかを示せば、「意外とできていなかった」と気づかせることもできるでしょう。見える化は、部下が自分を客観視する手助けになるわけです。

一番よくないのは、個人の主観に基づいて評価することです。

主観は多分に感覚的なものであり、自分にはそのつもりがなくても、部下の間では「自分は不当に低く評価されている」「あの人は贔屓《ひいき》されている」といった不満がしばしば起こる。また、上司としての自分自身も、明確な仕事のゴールを示すことなく、その場その場の小言が多くなってしまう。**主観による評価は、上司と部下双方にとって悪循環になってしまいます。**

将来の道筋が見え、部下はどのように自分のレベルを上げていくべきかを理解し、全体の道筋の中で今の自分の位置づけがわかるような評価基準があれば、こうした部下の不満や自分自身のマネジメント不全によって、組織に不協和音が生じることを避けることができるでしょう。

「部下は自分のようにはできない」と心得る

評価基準を見える化し、**部下を評価する際に特に気をつけなければならない点は、「部下は自分と同じようにはできない」という認識を常に持っておくことです。**部下に自分と同じレベルを求めることはご法度だと思ってください。

上司はついつい「自分がここまでやれたんだから、部下もできるはずだ」と考えてしまいがちです。しかし、それは部下に対する過剰な要求につながっていく危険性が高いのです。

たとえ「自分が若いときにはこれだけやっていた！」という思いがあっても、あなたの時代や状況と今はまったく異なります。若い人たちの意識もまったく異なるでしょう。そしてあなたは優秀だからこそ上司になったのであり、部下はそれだけのレベルに達していないからこそ部下なのです。

よく「名プレイヤーは名監督になれない」といいますが、それは自分が「できる人」であるがために、「できない人」の気持ちも、「できない人」がどこでつまずくのかもわからないからでしょう。**「部下は自分と同じようにはできない」というのは、名プレイヤーが名監督になるための重要な心得です。**

この認識がないと、部下に対して常に高いハードルを設けてしまいかねません。過去に僕も、自分が率いる法律事務所で失敗しました。新人弁護士2人に対して、自分がやっていたようなことを求めすぎてしまい、彼らはわずか数日で事務所を辞めてしまいました。

人が成長する一番の要素は自分自身のやる気と行動ですから、**自分の力で何とか抜け出ようとしている部下を追い込みすぎない気遣いをする**ことは、部下を動かすマネジメントには必須のことだといえます。

ですから、部下を評価するための基準作りにおいて、段階分けの目標を設定する際には、「部下は自分と同じようにはできない」という意識で部下の目線に立つことが重要です。**自分では一段一段、丁寧に目標に段階を設けたつもりでも、部下には二段飛び、**

三段飛びの目標に感じられるかもしれません。

ときには部下に苛立つこともあるかもしれませんが、常にその部下が「がんばれば到達できる一歩先の目標」を示すことが、部下ひとりひとりのやる気と行動を呼び起こし、成長を促します。それが組織の力を底上げし、ひいては上司やリーダーであるあなた自身の商品価値を高めることにつながるのです。

第6章

批判と侮辱を同一視してはいけない

――他人に振り回されない対人力

本当のコミュニケーション能力

コミュニケーション能力は、いうまでもなく仕事をする上において最も重要な能力の一つです。

今、皆さんは「そんなことは百も承知だ」と思ったことでしょう。では社会人に求められるコミュニケーション能力とは何かと問われたら、皆さんはどう答えるでしょうか。

残念ながら世の中は自分と気の合う人ばかりではありません。どこへ行っても、どうしても好きになれない人は一定数存在する。そんな中でも、**好き嫌いに影響されずに人間関係を築ける力が、社会人に求められるコミュニケーション能力です。**

なぜなら、社会人の人間関係とは、つまり仕事の人間関係であり、そこには基本的には好き嫌いは関係ないからです。**仕事で結果を出すためには、どんな層の、どんな育ち**

方をした人と出会ったとしても、意思の疎通ができなければなりません。好きな相手とだけ付き合えばいい、友人関係とは異なるのです。

結果を出すためには、社内、社外を問わず、嫌いな人ともコミュニケーションをはかり、協力しながら物事を進めていかなければならない場面に必ず出くわします。そこに個人の好き嫌いといった個人的な感情を差し挟んで、仕事を棒に振ってしまえば、あなたの商品価値を高めるチャンスを逃すことになります。

ただし僕は、「どんな相手とも協力し合え」といっているのではありません。

前にもお話ししたことですが、パワハラやセクハラは絶対に許されない人権侵害であり、そこで皆さんがむやみに耐えたり、笑ってやり過ごしたりする必要はまったくありません。しかるべき措置を講じるべきです。

そこまでの実害はなくても、特定の人を嫌いだと思ってしまう場合はどうしても出てきてしまい、その人と仕事をやらなければならないときが問題です。そういう**極めて個人的な感情が入り混じったまま仕事をしていると、お互いのパフォーマンスは下がる一**

方。結果を追求する社会人として、それは何としても避けなくてはなりません。

相手の嫌なところほど目につきやすいものです。しかし、その人と永続的に付き合う必要はないのです。仕事の結果を出すために、目の前の人を活用する。そんな割り切った関係でいきましょう。

ただし、組織に属していないフリーランスの場合は、もっとシビアな判断をしてもいいかもしれません。

「嫌だな」という自分の気持ちを取って仕事の関係をビシッと切るか、それとも収入のほうを取って仕事の関係を継続するかを天秤《てんびん》にかけ、**自分の気持ちを取るならば、容赦なく相手を切り捨ててしまうこともありです。**

逆に、その依頼主から得られる収入を取るなら、相手を嫌いでもそこは割り切って、相手の人格ではなく能力と付き合うというつもりでシンプルに結果を追い求めれば、「嫌い」という感情に、いたずらに振り回されることはなくなるでしょう。

人に強くなる議論のテクニック

仕事でもプライベートでも、人と衝突することを恐れてはいけません。人と意見が食い違っても、そこでなあなあで済まさず積極的に意見を戦わせることで、生煮えだった自分の思考が洗練されることも多いのです。

人から意見されることや批判されることは、自分の思考訓練になり、あなたの持論を磨くことにプラスとなるのです。逆に衝突するべきときに何となくやり過ごすと、あなたの持論を磨くチャンスを逃すことになります。さらに、お互いに不平不満を溜め込むことにもなってしまう。そしてその不平不満が自分の中で膨らみ、やがて爆発するかもしれません。

日本人に強い傾向なのか、「衝突＝悪」と考える人が多いようですが、衝突することもまた、自分の商品価値を高めたり、不平不満を爆発させずに物事を前進させたりするために重要なコミュニケーションの一環だと考えてください。

僕が人生経験から学んだ議論のやり方をいくつか紹介しておきましょう。

たとえば、相手が感情的になっているときは、収まるまで一呼吸置くというのがよくいわれている正攻法ですが、どうしても収まらない場合には、こちらも一撃を放つというやり方もあります。黙り込まずに、激しく言い返すのです。

あなたがいつまでも黙り込む姿は、相手には「こちら側が、押すことに成功している」「このまま押し切れる」と映り、それに乗じてますます言葉の礫《つぶて》を投げつけてくるでしょう。そうさせないために、あなたも感情を入れて言い返すのです。黙っていたあなたが一撃を放つと、相手は「ハッ」と動揺することもあるでしょうし、そのまま激しく言い合いになれば、それが無益であることを相手も悟り、言い合いはもう止めようという雰囲気が生じることもあります。

また、特に**威圧的な相手に対しては、決して自分が下にならないように気をつけることも重要です。**

威圧的な人は、威圧によって相手を封じ込める成功体験を基にしていることが多いです。そのような相手に対して、あなたが下になるというのは、つまり相手の成功パターンに自ら乗ってしまうということ。そんな、みすみす相手の術中に落ちるなんてことは避けたいものです。こちらも同じくらいの迫力で相手に対処することによって、**相手の成功パターンを崩し、相手を動揺させ、議論をこちらに有利に運ぶ糸口をつかまなければなりません。**

もちろん、相手の話をじっくりと聞くことも重要です。ただし、黙って聞くだけだと相手のペースにのみ込まれかねません。**単に聞くのではなく、「こういうことですね」「つまりあなたはこう考えているのですね」と、自分の言葉に置き換えながら聞く。**すると、相手のペースに乗っているように見えつつも、自分のペースに引き込むことができます。

「正論」と「感情」で相手を動かせ

どうしても自分の話を通したいときは、ときに押し通すくらいの強引さも必要です。仕事で何か新しいことをやろうというとき、周囲の人間すべてにいつも賛同してもらえるということはありません。もちろん、全員に反対されるようなことをやろうとしても、その計画は頓挫してしまうでしょう。しかし、「ここぞ」という目標達成のためには、「申し訳ないですが、私の計画を実行するためにこの部分は我慢してください」と、時に相手との衝突を恐れず、はっきり意思表示をすることが大切です。

相手の気分を害さないようにして親睦を深めることに必死な人よりも、そうした明確な意思表示ができる人が最終的に信頼されるはずです。

そして最後にもう一つ。**「正しさ」だけで押し通そうとしないことです。**

「正論」を主張するだけでは、相手や組織は動きません。論理的な正当性だけではな

く、**感情的な納得感も重要なのです。**

「言っていることはたしかに正しいんだろうけど、お前にだけは言われたくない」

人は、このような気持ちで反対感情を抱くことも多い。

そして、このような反対感情を相手に抱かせてしまうのは、正論を主張する側が議論の作法を乱してしまっていることが多いのです。

議論の作法とは、相手に敬意を払うことです。「反論」「批判」はしても「侮辱」は絶対にしないということです。誹謗中傷するなどは、もってのほかです。

批判とは相手の「考え」「意見」に対して「私は、それは間違っていると思う。なぜなら、こういう理由からです」と持論を展開すること。これは何の問題もありません。

しかし侮辱とは、相手の人格を否定したり、馬鹿にしたりすることで、これは絶対に許されるべきではありません。

この世の中には、他者の人格を否定していい人間も、他者から人格を否定されていい人間も存在しません。いかなるシチュエーションにおいても、侮辱は議論における禁じ手。どれほど自分と意見が食い違う相手でも、敬意を持って議論することが鉄則であると心得てください。

この作法を守るための思考法もお伝えしておきましょう。

自分と意見の異なる人がいたら**「仮に自分が相手の立場になったら、同じ意見になるだろうか」と考えてみる。**つまり、相手と同じ立場に立って、物事を見てみるのです。人それぞれよって立つところは異なります。そして相手の立場に立てば、自分も相手のように考えたり、振る舞ったりするだろうと感じれば、相手の考えや振る舞いを完全否定し罵詈雑言《ばりぞうごん》を浴びせるのではなく、「まあその立場ならそう考えたり、振る舞ったりするのも仕方がないか」と思えるものです。

これは、相手の考えや振る舞いをそのまま受け入れることではありません。相手の立場を理解し、「その立場ならある意味仕方がない、同じ状況なら自分もそうなるだろう」と理解することによって、「相手もその立場でよくがんばっているな」という一種の敬意のようなものを持つようになるのです。そうすれば、どれだけ相手と激しく論戦を交えたとしても、議論の作法を破ることは絶対にありません。

侮辱されたら100倍返し

こちらが議論の作法を守ったとしても、相手が議論の作法を守らない場合がありま す。**もし相手があなたを侮辱してきたら、いっとき流行《はや》った「倍返し」どころか「100倍返し」くらいの勢いでやり返さなければなりません。**

この点、やり返すことは、侮辱してきた相手と同じ土俵に降りることになるので、そんな対応よりも、侮辱を軽くあしらう、無視するといった「大人な対応」をしたほうがいいと思えるかもしれません。

たしかにここは意見が分かれるところでしょう。しかし僕の人生経験からすれば、やはり「やられたら、やり返す」のほうがいいと思っています。

まず、**しっかりとやり返すことで、自分が許せないラインをしっかりと示すことになります。**それは相手に対しても、またその周囲の人たちに対しても、今後の抑止力になります。
パワハラ、セクハラなども侮辱の一種ですが、「この人を侮辱すると面倒なことになるな」と周囲に思わせるのは、それらから身を守る予防線にもなります。

そして相手の侮辱に対して、こちらも100倍返しをすれば、相互の罵詈雑言合戦になり、「これは無益なやり合いだ」という雰囲気が醸成されます。そのときこそがチャンスで、あなたは、その機を捉えてお互いに侮辱を止める提案をするのです。そうすれば、相手の侮辱を抑えて、中身のある議論を始めることができるようになるでしょう。

向き合うべき「批判・苦言・進言」

侮辱ではなく、きちんとした批判を受けた場合に、まるで全人格を否定されたかのように反応する人がいますが、それは賢明なやり方ではありません。

侮辱ではない批判・苦言・進言などは、たしかに心地いいものではない。「そんなことない！」「うるさい！」と脊髄《せきずい》反射的に反抗したくなるかもしれませんが、実は**耳が痛い批判・苦言・進言こそ、正面から向き合うべきです。**

耳が痛くなるのは、自分の思考の甘いところや弱いところを的確に突かれたからです。そのような批判・苦言・進言に真摯に向き合うことで、自分の甘さや弱さに対する対応策を講じることができ、それらを乗り越えることができるでしょう。的確な批判・苦言・進言を避け続ければ、永遠にあなたの甘さや弱さは改善されません。

批判・苦言・進言と、侮辱は、明確に区別する。

そして侮辱に対しては、先ほどもいいましたが、100倍返しで対抗しながら、最終的には、侮辱してくるような人とは付き合いを止めるという割り切りを持つことでいいと思います。

とはいえ、付き合いを止めればいいということについては、そうは簡単にいかないという声もあるでしょう。組織における上司との関係や、フリーランスにおける仕事の依頼主との関係などです。

ここは、その侮辱に耐える辛さと、仕事を継続して得られる報酬を天秤にかけるしかありません。辛さと報酬を天秤にかけて考えたら、この相手との関係は切らずに我慢しよう、というくらい報酬が大きい場合もあるかもしれません。逆に報酬が小さければ、この相手との関係はスパッと切れる場合もあるでしょう。

ただ、皆さんに強くお伝えしておきたいのは、**あなたがひとつひとつの仕事をこれまで手抜きせずにやってきた自信があるならば、上司との関係を断ち切って組織を辞めたり、「上得意様」である依頼主との関係を切ったりしたとしても、長期的にはまったく困ることはない**ということです。

手抜きせず必死に仕事に取り組んだ自信があれば、あなたの仕事は必ずどこかで評価されているものです。侮辱に悩んでいるときには、目の前の上司や依頼主のことで頭がいっぱいになっているでしょうが、あなたを迎え入れてくれる会社はいくらでもありますし、思いもよらぬところから新たな仕事の依頼が舞い込んでくるに違いありません。

152ページでも、今の人間関係が永遠に固定されるわけではないということを話しましたが、**上司や仕事の依頼主との関係も常に流動的なものと考えてください。この組織や依頼主を失ったら最後とばかりに、しがみつく必要はありません。**ただし、それはあなたの商品価値が高まっていることが前提ですから、日々仕事を一生懸命やっている自信があるかどうかが決め手となります。

今の日本は「ドン」を恐れる必要がない

現代社会は、いまだかつてないほど「個」の力が問われている時代です。会社という組織の形は残っていますが、ひと昔前に比べれば、はるかに社員ひとりひとりの力の重要性が高まっています。

皆さんが働いている場でも、組織のために滅私奉公するというよりは、個々人が自分の能力を高め、成果を出すべく邁進《まいしん》し、それが組織の力に結びつくという雰囲気になっているのではないでしょうか。

組織に属さないフリーランス、さらにはブロガー、ユーチューバー、インフルエンサーといった自由な生き方を選ぶ人の増加も、「個の力」が問われる時代の象徴でしょう。僕が20代の頃には存在しなかった仕事がどんどん出現しています。もちろん競争は激しいのでしょうが、多額の報酬を得ている人も出ています。

こういう時代においては、かつては業界ごとに存在した「この人に気に入られたら安泰、しかし敵に回して嫌われたら潰される」という「ドン」のような人が、どんどん少なくなってきています。

あなたが組織を飛び出し、フリーランスとして仕事をやり始めると、至るところで「ドン」の存在を耳にするかもしれません。

しかし、そのような存在は、自分に力があるかのように振る舞っているだけのことが多い。個人の力が問われる現代においては、他者を引き上げたり、潰したり、他者を思いのままにできる人物などまずいません。僕も社会人駆け出しの頃は、「ドン」のような存在によく出くわしましたが、自分が知事になり、市長になり、国政政党の代表になったりして世の中全体が見えてくると、かつて「ドン」と思えていた存在が、実は何の力もないことがわかってきたりしました。

日本社会に「ドン」などいません。そのように振る舞う人はたくさんいますが、あなたが恐れなければならない、真の「ドン」は存在しません。

現代社会においては、個々人の商品価値こそが重要であって、**業界内の誰かのお墨付きがあるとか、誰かがバックについているとか、そういったことは関係ない時代になってきています。**

つまり現代は、組織におんぶに抱っこでは伸び悩む時代ということです。逆に、自分の商品価値を高めて突き抜けてやろう、自分のやりたいことをやって唯一無二の存在になってやろう、という意識のある人にとっては、生きやすい時代といっていいでしょう。

現在50歳になった僕からすれば、うらやましい限りです。こんな時代に20代や30代を過ごせる人は、それだけで大きなアドバンテージがある。ぜひそのアドバンテージを最大限に活かして、誰のことも恐れず、個々の可能性を思いっきり伸ばしていってほしいと思います。

第7章

心から納得できる人生を生きる

——一切後悔しない行動力

「逆張り」の発想で自分に変革を起こせ

もし、今までやってきたこと、今やっていることがうまくいかないなら、要するに、その方法でいつまでやってもうまくいかないということです。同じ方向性の中で色々と改善・調整してみても、大きな結果を出すことはまずないでしょう。**うだつの上がらない現状を突破するには、今までやってきた方向性を180度逆転させる行動力が必要です。**

僕は2008年に大阪府知事になりましたが、当時の大阪の状況は惨憺《さんたん》たるものでした。

僕には、その状況を変えるための完全なる正解が何かなんてわかりません。学者やインテリたちが言うことも、ほとんどあてになりません。ただ現状を見れば、今までやってきたことが奏功していないことは明らかでした。だから僕は、「とにかく今までやってきたことの逆を行ってみよう」と考えました。方向性の大転換です。

ここで重要なことは、これまでやってきた方向性を的確に認識することです。この認識にズレがあれば、180度方向転換をしても結局ズレたものになってしまいます。

2008年、僕が知事に就任してまずやったのも、大阪府政の方針である「総合計画」なるものを読み込むことでした。これまでのものを合計すると膨大な量になります。その分析の結果、これまでの大阪府政の方向性は、「定住人口を増やす」ということが大きな柱になっていることがわかりました。この柱を基に、さまざまな政策が展開されていたのです。

でも日本の歴史を振り返って人口推移を見れば、今後「人口を増やす」というのは、もはや絵空事です。日本の人口は縮小傾向にあるのが現実です。だから人口を増やすのは無理なのです。では、人口減少による経済縮小にはどう対応するのか。ここで方向性の180度転換です。大阪内の定住人口を増やす方向性から大阪の外から人を集めてくる。人がとにかく集まれば、その流れでモノとカネも集まり、人・モノ・カネが大阪内をグルグル回ることで、経済の熱が発します。

したがって、日本中から人・モノ・カネを大阪に集めて世界に送り出し、世界から人・モノ・カネを大阪に集めて日本各地に送り出す。そんな世界と日本の「中継都市」であることを、これからの大阪の方向性にしていこうとしたのでした。

この方向性を打ち出したとき、府庁の担当幹部は驚き、猛反発を受けましたが、世界の歴史に目を転じてみれば、それほど突飛なアイデアではありません。

ベネツィア、オランダ、イギリスという覇権国家の変遷は、すべて人・モノ・カネを中継する国の間で行われました。スエズやパナマという運河地域も人・モノ・カネを中継することで経済が活性化していますし、現在のシンガポールも中継都市国家として経済的に成功を収めています。

地域内で定住人口を増やす「産めよ増やせよ」の方向性は、高度成長時代のものです。成熟した地域・国家においては、「産めよ増やせよ」の方針から、国内外より人・モノ・カネを集める方針に転じるべき。

府庁の担当職員とも議論を重ね、最終的には「今までの方向性がうまくいっていた時代は終わった。大阪の衰退は、その方向性を保とうとしてきたからであり、大阪を蘇らせるにはこれまでと真逆のことをやらなくてはいけない」ということを理解してもらいました。

府庁は優秀な頭脳を持つエリート公務員たちで構成された組織です。いったん方向性が決まれば、圧倒的なスピードとクオリティで具体的な政策を立案し、工程表を作って、それを実現していきます。

これは、外国人観光客を呼び寄せようというインバウンドが今のように強く叫ばれる前の2009年頃の話です。当時は、日本には679万人ほどしか外国人観光客が訪れず、そのうちの170万人ほどしか大阪に訪れていなかった時代ですが、大阪はそのときに、インバウンドの方向性を強く打ち出し、その実行に取り組み始めました。

その結果、現在、大阪には大変多くの外国人観光客が訪れるようになりました。2018年には京都を抜いて1100万人を超え、経済効果は1兆円以上にものぼります。東京と比べると、観光客の絶対数や経済効果額ともにまだ追いついていませんが、伸び率は大阪のほうが上回っているので、東京の背中が見えてきているところです。それと同時に、モノもカネも集まるようになり、大阪の経済指標が上向き始めました。

長年貫いてきたやり方を変えるのは、勇気のいることです。ましてや、今までの真逆を行くとなると、それまで一生懸命に「それが正しい」としてやってきたことを全否定しなくてはいけない。自分自身がやってきたことだけではなく、先輩や同僚がやってきたことをも否定しなければならない。もう少し続けてみれば結果が出るかもしれない、そう思ってしまうこともあるでしょう。

しかし、たとえ今までと同じ方向性の上に何らかの糸口があったとしても、せいぜい「今よりちょっとよくなる」程度の改良、改善につながるにすぎません。そこで、大胆に今までの逆をやってみる。つまり**「逆張り」の発想を持って行動してみると、改良・改善などというレベルを超えた、圧倒的な結果を生み出す突破力を発する可能性が高くなります。**

自分の付加価値の磨き方

僕が知事になった頃の大阪府の方向性は「定住人口を増やす」という柱とともに「中小企業の技術力を守る」という柱がありました。大阪の衰退ぶりを見る限り、この方向性にも180度の大転換が必要でした。

たしかに、東大阪を中心に大阪には高い技術力を誇る中小企業が軒を連ねています。しかし、それらを「守る」という方向性は、言い換えれば「すべて今までどおり」を続けるということにすぎません。今までどおりの取引先、今までどおりの領域で、今までどおりに技術力を活かす。それでうまくいっているならいいのですが、事実、大阪は沈没寸前だったわけで、やはり方向性の大転換が必要でした。

そこで僕は、前項でお話しした**「中継都市」の方向性に加えて「付加価値都市」という方向性も打ち出しました。**大阪の持っている技術力・力を、より高く売れるほうに売り込んでいく・活用していくというものです。

たとえば、長らく工作機械の領域で活きてきた技術が、実は医療の領域においても使えるということが多々あります。そして医療でその技術を使うほうが高い代金や報酬が得られる。技術は同じものなのに、その活かし方によって付加価値が上がるのです。

同じように、自動車部品を作る技術を、医療や航空といった領域において活かす。「この技術は、この取引先との間で、この分野に限る」というこれまでのやり方をぶち破り、新たな価値のつく、すなわち高い値のつく領域に打って出て、これまでとは異なる分野の取引先を見つけてくる。

大阪が持っている技術力・力に、より高い値がつくように努力していくことが、結果として大阪という都市の商品価値を上げます。それは大阪の経済を活性化し、大阪に変化を起こします。

そして大阪は、現在でも医療産業の集積地ですが、優秀な府庁の職員たちが、「国家戦略特区制度」(経済を活性化させるために、特定の地域に規制緩和や税制優遇を導入する仕組み)を活用して今以上に大阪を医療産業の拠点とすることを狙っています。大阪の技術力・力と付加価値の高い医療産業を結びつける意図です。2025年に開催されることが決定した大阪万博も、「医療」を中心的なコンセプトの一つにしています。これも、大阪の技術力自体は同じものなのに、付加価値が上がることで変化が生じることがわかる事例の一つです。

この不確実性の高い時代をたくましく生き抜いていくには、自分の商品価値を上げることが重要です。つまり、他との違いを際立たせて、自分に高い値がつくようにする。

そのためには、今までどおりのやり方で、今までどおりの領域で自分の力・価値を活かすだけでなく、自分の力・価値に、より高い値がつくようにするためにはどこにどう打って出ればいいのか、誰を相手にすればいいのかを徹底的に考えることが必要かつ重要です。僕が付加価値にこだわったのは大阪府政における話でしたが、価値を高めることに注目して、今までのやり方を大胆に変えるというのは、個人の働き方、生き方にも、あてはまる話だと思います。

「好きなこと」は、はじめから見つけなくていい

今の日本には、趣味の延長のようなところから、自分の好きなことを仕事にしている人たちがたくさんいます。中には既存の価値観を打ち破って我が道を突き進んでいる人もいて、その姿に憧れを抱く人も多いことでしょう。

嫌な仕事でも、生活のためには耐えて耐えて、人生最後まで従事すべきというのは昔のこと。好きなことをして生きていくことが可能な時代になりました。既存のマスメディアを通さずとも個人が簡単に発信できるツールが揃っており、発信が多くの人に支持されると、とたんに、好きなことが仕事につながる可能性が開かれるのです。

けれども**現実的には、誰もが「好きなこと」で食べていくのは難しいといわねばなりません。**

その中で、もし、どれだけ一生懸命やろうとしても、今の仕事が自分に合わないよう

に感じられて、毎日辛くて仕方ないのなら、悩まずに転職を考えるべきです。それは逃げでも何でもなく、自分の商品価値を高めるための行動なのです。

皆さんにとって人生という大海原の航海は、まだまだ道半ばです。20代、30代、そして40代半ばに差し掛かるくらいまでは、とにかく全力で動いてチャレンジしてください。

僕も28歳から38歳までは弁護士・タレントとして、そこから40代半ばまでは政治家として全力で走り続けました。大阪市長として大阪都構想の住民投票までやったところで、「できることはすべてやりきった」という燃焼感がありました。

住民投票は否決となり、僕が政治家としての全エネルギーを注いだ大阪都構想は実現できませんでしたが、それは市民の皆さんの判断です。結果を真摯に受け止め、市長の任期満了とともに僕は政界から引退しました。

悔いはまったくありません。松井さんをはじめとする大阪維新の会のメンバーや府庁・市役所の職員たちと一緒にエネルギッシュに突き進み、完全燃焼できました。

僕自身の人生としては「もう、いつ死んでも悔いはない」というくらい、やりきった感があります。今は、政治家を辞めて、次のステージとして、弁護士はもちろん、コメンテーター、講演講師、著者として仕事をしていますが、いつ死んでも自分の人生は納得です。

今振り返ると、「自分の人生に悔いなし」と幸せなことをいえる立場ではありますが、ここに至るまでは山あり谷あり、苦難の連続でもありました。そして周囲の誰にも負けない行動力によって人生を切り開いてきたという自負もあります。

これからの時代、行動力がすべてを決します。がんばる気が失せてしまって、今いる場所でくすぶり続けるくらいなら、転職は何度繰り返したっていい。

けれども行く先々では、とにかく一生懸命やってみること。この姿勢を失わずに、どんどん行動し、色々なことを体験していけば、「これで勝負する」「完全燃焼できる」と思える仕事に必ず出会えるはずです。

圧倒的に成長する自己投資の極意

生きていくには何かとお金がかかります。そして将来のため、何かあったときのためと、計画的に貯金している人も多いでしょう。

ただし、超低金利時代といわれる今は、銀行預金は「お金を増やす手段」ではなく、「お金をただ安全な場所に置いておく」程度のこと、いってしまえば、タンス貯金の代わりにすぎません。日本人の預金・貯蓄率は世界ナンバーワンといわれますが、銀行預金の利息をあてにしている人など皆無でしょう。意識すらしていない人が大半だと思います。

要するに、それほど銀行から得られる利息は微々たるものであり、いくら預金しても、お金はほとんど増えない。ならば、その一部を投資に回すことを考えてみてもいいでしょう。初心者は株式投資になるでしょうが、短期に売買を繰り返すプロの投資ではなく、長期に保有して数十年後の値上がりや毎年の配当を得ることを目指す投資です。

日本では企業が株主配当に力を入れると、「労働者を働かせて得た利益を企業と一部の富裕層（投資家）が独占している」といった非難の声が上がります。これは、おそらく日本人の間で投資がまだまだ一般的ではないからでしょう。

世の中には、とんでもないお金持ちがいることもたしかです。でも、富裕層しか投資家になれないわけではありません。

月に1万円でも投資に回せる余裕があれば、誰もが投資家になれる。そして自分が投資家となって配当を受け取る側に立てば、企業が株主配当に力を入れることを歓迎こそすれ、非難に終始することはしないはずです。

現にアメリカなど投資が盛んな国では、企業が株主配当に力を入れることが激しく非難されることは少ないです。収入の多寡にかかわらず、個々人が余裕資金を株式に投資し、配当を受け取っているからです。彼ら彼女らにとっては、株式投資で得たリターンを将来の老後資金にするというのは自然なことなのです。

株式投資とは、決して富裕層がお金を独占するための汚い手段ではありません。企業の挑戦や成長の元手となり、ひいては日本の経済成長にもつながるものです。つまり株式投資は、立派な経済活動なのです。

もちろん、株式投資は銀行預金のように元本が必ず保証されるものではありません。預金よりも多くのリターンが見込めますが、当然損をするリスクもあります。

株式投資の本当の初心者である場合には、特定の企業の株式に投資するのではなく、株式をミックスして経済指数に連動する「ＥＴＦ」というものから始めるのもいいでしょう。

ただ、僕が皆さんに伝えたいのは、株式投資からもう一歩踏み込んだ投資です。

若いうちに最も投資すべきなのは、株式ではなく「自分自身」に対してです。

今までにも自分の商品価値を高めるという話をしてきましたが、それには相応のお金がかかる。

新聞を読む、本を読む、いろんな場所に出かけて、いろんなことを体験する、人と交流する、資格取得のために勉強する……すべてにお金がかかりますが、こういうところをケチっておきながら、自分の商品価値が高まることはありえません。

老後のために貯めるより、まずは5年後、10年後の自分のために今、お金をかける。すべては自分の商品価値を高める「自己投資」だと考えて、可能な限り自分にお金をかけることが、突き抜けた唯一無二の存在として成功するチャンスにつながるのです。**若いうちは、株式投資は自己投資の次に考えましょう。**

人生設計できる人は例外である

業界を問わず、活躍している人たちの中には、早くから明確かつ具体的な人生の目標と計画を立て、それに沿って着実に努力を重ねて、目標を達成してきた人もいます。

たとえば、ソフトバンク創業者の孫正義さんの「人生50年計画」はビジネス界では有名な話です。孫さんは19歳のときに「20代で名乗りを上げ」「30代で軍資金を最低で1000億円貯め」「40代でひと勝負し」「50代で事業を完成させ」「60代で事業を後継者に引き継ぐ」という具体的な人生計画を描いたそうです。そして60代を迎えた今に至るまで、本当にその計画どおりに実行し、目標を達成してきた。まさに有言実行の人です。

スポーツ界に目を転じれば、野球のイチローさんやサッカーの本田圭佑選手が「野球選手になる」「サッカー選手になる」と記した卒業文集は有名ですし、最近では、大谷翔平選手がプロ野球選手になるために必要なことを綿密に記した「マンダラチャート」が話題になりました。

たしかに目標や計画を立てることは大切です。たとえば、このプロジェクトを成功させるためには、何をどう進めたらいいのか。この資格試験に受かるには何をどう勉強したらいいのか。この会社で出世するには、いつまでにどれくらいの業績を上げればいいのか。すべて明確な目標、計画があってこそ努力の道筋が立ちます。

ただ、**特定の目的ごとに目標や計画を立てることはできても、人生そのものの目標や計画を明確かつ具体的に立てることができる人は、実はあまり多くはいません。**

先ほど挙げた人物は、いってしまえば超人レベル。僕自身、20代の頃は、「50歳のときの自分はこうなっている」とか「そのためには、このような人生計画を歩んでいこう」などといった明確かつ具体的な人生目標と計画なんて、持っていませんでした。

この不確定性の高い時代に人生を設計し、その人生設計どおりに生きられる人は、むしろ例外的な存在といっていいでしょう。

ですから、若い皆さんが「20年後にどうなっていたいか」を明確に思い描けないからといって、「夢も目標もない自分はダメだ」などと思い悩む必要はまったくないのです。

大事なのは、いかなるときでも「今このとき」です。

「今このとき」をどう生きるか、いかに一生懸命になるか。その積み重ねによって人生は作られていく。20年先のビジョンがあろうとなかろうと、人生で重要なことは、目の前の瞬間、瞬間を、一生懸命に生きられるかどうかなのです。

もし皆さんが、明確で具体的な人生設計を立てられる例外的な人で、なおかつその設計に従って「今このとき」を懸命に生きることができる人ならば、それは言うことなしの人生の歩みです。

他方、そんな人生設計が立てられなくても、「20年後はどうなるんだろう」などと思い悩むのではなく、自分という人間の商品価値を着々と高めていくために、とにかく目の前の現実を懸命に生きてほしいと思います。それがチャンスをつかむ道だというのが僕の人生経験からの学びです。

現代に生きるアドバンテージは計り知れない

僕は本書で「こういう生き方が正しい」と言うつもりはありません。何が正しいかは個々の人生観や価値観によって異なるものだし、そもそも絶対的な正解など存在しないからです。

ですから、僕の人生経験を基に、僕はこうだった、多くの人はこうですよ、こうやるとこうなるよ、若い皆さんはこのように見えているかもしれないけど実はこうだよ、という先輩的な情報提供をしたつもりです。この情報を基に、あと皆さんが判断してください。

ただ一つだけ、皆さんにこれだけはこうあってほしいなと思うことがあります。それは、自分が「納得できる人生」を歩んでもらいたいということです。「悔いなき人生」を絶対に歩んでもらいたい。

僕自身、今までの人生を振り返って、後悔がまったくないわけではありません。たとえば、若いうちにもっと日常会話ができるくらいには英語を勉強しておけばよかったと思うし、妻と子どもたちの間の絆の強さを見るにつけ、子どもたちが幼い頃に仕事、仕事、仕事ではなく、もっと一緒に過ごしておけばよかったと思うこともあります。今はパパの育児、イクメンが叫ばれるような時代になりましたが、僕が若いパパのときには、まだ仕事優先という時代でした。

でも、そうした時間を増やしていたら、僕は、今のようにはなっていなかったかもしれません。

途中経緯は色々あったにせよ、僕は、人生の歩みにおいて完全燃焼したという納得感があり、これが人生において一番重要なんじゃないかと感じています。

皆さんは、これから人生の歩みの中でたくさんのことに迷ったり悩んだりするでしょう。「やるんじゃなかった」あるいは「やっておけばよかった」と後悔することもあるかもしれない。でも、最終的に「納得できる人生」となれば結果オーライです。

そして**「納得感」は、お金持ちになったかどうか、成功したかどうか、結果を出したかどうか、目標を達したかどうかではなく、自分のエネルギーをすべて出し切って完全**

燃焼したかどうかで決まります。

完全燃焼すれば、目標を達成できなくても、結果が出せなくても、人生に納得できる。

完全燃焼するためには、とにかくいろんなことに触れ、挑戦してください。ときには失敗することもあるでしょう。取り返しがつかないことをしてしまったと悔やむ場合もあるでしょうが、それでも大丈夫です。

少し前の時代までは、働き方、生き方の選択肢はかなり限られていました。

生きるためには歯を食いしばって、嫌なことでも我慢して働かなければいけない。ひたすら耐え忍んで生きなければならない時代が長く続きました。義務教育すら受けられずに、早くから稼ぎ手の一員になることを求められた子どももたくさんいました。

でも、その時代の人たちの踏ん張りのおかげで日本は先進国の仲間入りをし、まだまだ不完全なところはあるものの、117ページで述べたいざというときの公的なセーフティネットは拡充されています。その上で、これだけチャンスがあふれている。こんな現代に生きている皆さんのアドバンテージは計り知れません。

もし今いる場所にどうしても納得できないのなら、我慢せずに場所を変える勇気を出しましょう。世間から「こうあれ」と自分の人生が決めつけられる時代はもう終わりました。

人生50年、あっという間です。自分が納得できる人生、完全燃焼できる人生を、ぜひ自分の手で切り開いていってほしいと思います。

人生を全力で転がった先に待つもの

人生は何が起こるかわかりません。自分で自分の人生のすべてをコントロールし、思いどおりの人生を生きられる人なんて、おそらくいないでしょう。

人生とはそういうものだからこそ、完全燃焼が重要。それも日々の燃焼が重要なのです。そのためには日々「行動あるのみ」。チャレンジし続け、そして巡ってきたチャンスをつかみ取っていかなければなりません。

このように「今このとき」を一生懸命に生きる姿勢の積み重ねこそが未来を決していくのです。

運が巡ってくるかは神様ではなく、自分の「生き様」が決めるものです。新しいことにもどんどんチャレンジする人ほど、チャンスに恵まれやすくなる、運が巡ってきやすくなるということです。

少なくとも僕は、そんな姿勢でこれまで生きてきました。

今までの人生を振り返ってみても、若い頃からの明確かつ具体的な人生計画はなかったなと感じます。学生時代に弁護士を志すようになり、勉強をがんばって司法試験に合格した。それ以降は、チャンスの赴くままに人生が転がってきたという感じです。

たまたまピンチヒッターとしてラジオ番組に出演したことをきっかけに、タレントになりました。その後、ありがたくも大阪府知事選への出馬をすすめていただき、ならばがんばろうと選挙戦を戦い抜いて府知事になりました。

府知事になってからは、大阪府政改革に全力を尽くし、今度は府と市が分かれていることによる行政の非効率と無駄を正そうと、府と市を統合する「大阪都構想」を目指します。それを実現するために、大阪維新の会という政党を作り、大阪市長選に出馬して当選しました。この選挙は本当にきつかった。既存の政党や業界団体などが、一斉に僕を潰しにきましたからね。大阪都構想を実現するためには法律を作る必要もあり、今度は国政政党・日本維新の会を作りました。

反対勢力と激烈な政治闘争を繰り広げながら、２０１５年5月17日に、何とか大阪都構想の住民投票を実施することができました。選挙のときの街頭演説では大阪中、全国をグルグル回り、住民投票のときの街頭演説も、身体が動かなくなり、言葉も出なくなるまで、自分のエネルギーを最後の最後まで振り絞りました。

そこまでやった上での、住民投票の否決です。もう悔いなどあるわけがありません。結果がどうであれ、完全燃焼です。その後、市長の任期満了とともに政界から引退し、今は、弁護士、講演会講師、著者として仕事をしています。

こうしてみると、あっという間の30年間でした。先ほど述べた孫正義さんのような明確な人生設計は立てたわけではないけれど、その時々で常にチャレンジし、全力を尽くし、ひたすら前進してきたという自負はあります。

だからチャンスが向こうからやってきてくれたし、その瞬間にチャンスをつかみ取ることができたと思っています。**僕をここまで運んできたのは、明確かつ具体的な人生設計ではなく、常にチャレンジし、チャンスをつかみ取ってきた行動力だったと思います。**

僕はバイクに乗ることが好きなのですが、人生は、明確な目的地のないバイク旅に似ています。

どこへ転がっていくかわからないけれど、良質なエンジンを積んで前進さえしていれば、デコボコ道でも突き進み、美しい景色に出会うことができる。人生も同じで、どこへ転がっていくかは自分でさえ知る由もありませんが、とにかく良質なエンジンが必要です。

では、どのようにして良質なエンジンを得るのか。それは、自分という人間の商品価値を高めるために行動する、チャレンジする、その途中で失敗することはあっても、なお行動する、チャレンジする。そしてチャンスがやってきたらつかみ取る。

そんな行動力が良質なエンジンとなって、思いもよらぬ素敵な場所へ自分を運んでくれます。だから人生は面白い。

これからの日本を担っていく皆さんも、行動とチャレンジあるのみで、まだ見ぬ世界をどんどん体験していってください。

道中には大変なことも山ほどあるかもしれませんが、そのつど自分にとって最良と思える選択肢を選んで、精一杯やってみてください。

世の中には、ビジネス実用書や自己啓発本と呼ばれるものがたくさんあります。しかし、それらを読むだけで行動しなければ、単なる頭でっかちとなり、実際にはたいしたことができずに、人生不完全燃焼となりかねません。

何事もやってみなければわからない。だから、すべては行動ありき。知識やノウハウはそのサポート役にすぎず、自分の商品価値を高めるためには、どれだけ量をこなすかということにかかってくる。ですから、本書も読むだけで済ませず、実際の行動につなげてください。

僕自身、これまでの人生を振り返って記憶に蘇《よみがえ》ってくるものは、すべて「自分なりに精一杯、全力で行動した」ときの記憶です。

人生の最期、棺桶《かんおけ》に入るときには、自分の人生は1時間、いや数十分で振り返ることになるのでしょう。そのときには、全力で行動したときのことだけが蘇るのでしょう。そして、目を閉じる一瞬に「ああ、俺（私）の人生、本当によかったな」と納得できるかどうかが、人生のすべてだと僕は思っています。

皆さんには、そのような人生を送ってもらいたいので、**「今、自分が死んだとしても後悔はない」**と言えるくらいに、今を一生懸命に生き続け、完全燃焼してほしいと強く願います。

本書は、２０１９年４月に開催された「橋下徹特別講演会〜自分で限界を作るな‼ やってみなきゃわからない〜」の内容を基に、大幅に加筆のうえ、構成したものです。

著者略歴

橋下 徹（はしもと・とおる）

1969年東京都生まれ。大阪府立北野高等学校、早稲田大学政治経済学部卒業。1998年、橋下綜合法律事務所を開設。2003年「行列のできる法律相談所」にレギュラー出演開始。2008年、38歳で大阪府知事、2011年に大阪市長に就任。実現不可能と言われた大阪都構想住民投票の実施や、行政組織・財政改革などを行う。2015年、大阪市長を任期満了で退任。現在はTV番組出演や講演、執筆活動など、多方面で活動している。著書に『実行力 結果を出す仕組みの作りかた』（PHP研究所）、『政権奪取論 強い野党の作り方』（朝日新聞出版）などがある。

SB新書 501

異端《いたん》のすすめ

強《つよ》みを武器《ぶき》にする生《い》き方《かた》

2020年 2月15日 初版第1刷発行
2020年 4月13日 初版第4刷発行

著　者 橋下《はしもと》 徹《とおる》

発行者 小川 淳
発行所 SBクリエイティブ株式会社
〒106-0032 東京都港区六本木2-4-5
電話：03-5549-1201（営業部）

装　幀 長坂勇司（nagasaka design）
カバー写真 的野弘路
カバー写真ヘアメイク 宮内直人（SUGAR）
本文デザイン 松好那名（matt's work）
DTP 米山雄基
編集協力 福島結実子
編　集 小倉 碧（SBクリエイティブ）
印刷・製本 大日本印刷株式会社

本書をお読みになったご意見・ご感想を下記URL、
または左記QRコードよりお寄せください。

https://isbn2.sbcr.jp/04097/

落丁本、乱丁本は小社営業部にてお取り替えいたします。定価はカバーに記載されております。本書の内容に関するご質問等は、小社学芸書籍編集部まで必ず書面にてご連絡いただきますようお願いいたします。

ISBN 978-4-8156-0409-7